SCHEISS AUF YOGA

... UND WIE DU
AUCH OHNE OMMMM
FLIEGEN KANNST

D1919323

TANIA SÖLLNER
@die_clementa

SCHEISS AUF YOGA

... UND WIE DU
AUCH OHNE OMMMM
FLIEGEN KANNST

now

WIDMUNG

Ich widme dieses Buch dem Menschen, der mich in diesem Leben vollkommen macht.

Danke dir aus tiefster Seele für deine Liebe und dein Sein, du wundervoller Ehrenmann.

(Können wir uns fürs nächste Leben verabreden?)

Und ich widme es den beiden wundervollsten Seelen, die mich als Mama ausgesucht haben und mich damit zur glücklichsten Hummelmutter auf Erden gemacht haben.

Ich liebe euch.

INHALT

Vorwort

Ich kenne die Autorin dieses Buches nicht nur flüchtig – ich habe sie selbst ausgebildet. Habe sie kämpfen und wachsen sehen, durfte miterleben, wie sie aufblüht, wie sie Menschen zum Lachen bringt, bis die Lachmuskeln Muskelkater haben, und wie sie gleichzeitig tief ins Herz trifft.

Ganz ehrlich: Wenn du eine Mischung aus Powerfrau, Stand-up-Comedian und Lebenscoach in Buchform suchst – Glückwunsch, du hältst sie gerade in der Hand.

Dieses Buch ist kein weichgespültes »Atme einfach tief ein, dann wird schon alles gut«-Programm. Nein!

Hier bekommst du keine Räucherstäbchenromantik, sondern den ehrlichen, manchmal frechen, immer liebevollen Tritt in den Hintern, den du brauchst, um ins Handeln zu kommen.

Ich weiß, wie es sich anfühlt, wenn du mehr vom Leben willst, aber das Navi im Kopf nur »Route wird neu berechnet« sagt. Wenn du feststeckst, während alle anderen scheinbar schon am Strand mit Cocktail liegen. Genau hier setzt dieses Buch an – es ist dein persönlicher Arschengel, der dich daran erinnert: Du bist schon genug, und du kannst viel mehr, als du dir zutraust.

Die Autorin ist diesen Weg selbst gegangen – und glaubt mir, sie hat ihre Zweifel mehr als einmal gegen Abenteuer, Mut und klare Ansagen eingetauscht. Sie zeigt dir, wie du dein Leben nicht im Schneidersitz verbringst, sondern auf der Überholspur – und das mit einer riesigen Portion Humor, bei der selbst deine inneren Blockaden schmunzeln müssen, bevor sie das Weite suchen.

Also, schnall dich an. Es wird lustig, es wird ehrlich, es wird transformierend.

Viel wichtiger als all das ist aber: Tania ist echt, vor und hinter der Bühne, beim Essen und im Pool!

Und wenn du bereit bist, deine innere Dehnung nicht auf dem Gymnastikball, sondern im echten Leben zu spüren, dann willkommen in deinem nächsten Kapitel.

Dein Tobias Beck
Spiegel-Bestsellerautor #1
Freund, Fan & stolzer Ausbilder dieser großartigen Frau

Einleitung

Heute ist der 13. Januar 2025. Ich sitze an meinem Küchentisch, schaue aus dem Fenster und kann nicht glauben, was gerade passiert. Ich schreibe wirklich an meinem eigenen Buch. Ich kann gar nicht in Worte fassen, was das mit mir macht.

Ich habe mir schon so lange gewünscht, ein Buch zu schreiben. Wenn ich ganz ehrlich bin, habe ich auch schon ungefähr 35 Anläufe gemacht, die wie so vieles in meinem Leben einfach wieder im Sand verlaufen sind. Und wenn ich so richtig ehrlich bin, dann ist es sogar so, dass ich immer ganz schnell ganz viele Ideen habe, und auch für sie brenne. Aber am Ende habe ich dann einfach keine Lust, keine Energie, keine Kraft oder was auch immer, um sie wirklich durchzuziehen. Rückblickend betrachtet, glaube ich, dass ich einfach noch nicht das Richtige gefunden hatte. Und auch noch nicht gelernt hatte, was es bedeutet, wirklich für etwas zu brennen. Oder zu wissen, wofür man hier auf diesem Planeten ist.

Wow. Das hört sich jetzt alles sehr spirituell an, ist aber tatsächlich ganz simpel. Ich habe nur nie gelernt, mich für mich oder meine Ideen einzusetzen und was es bedeutet, zu wissen: Ich bin wertvoll mit all dem, was ich tue und zu bieten habe.

Und genau darum geht es auch in diesem Buch: Spiritualität und Selbstliebe. Das ist nichts, was oben in den Wolken oder nur auf Retreats stattfindet – oder gar im Untergrund, nein, Spiritualität und Selbstliebe sind etwas ganz Normales, etwas Alltägliches, etwas, das wir alle brauchen und spüren sollten.

Ich bin davon überzeugt, dass wir alle uns wieder erinnern dürfen und alle wieder lernen dürfen. Leicht, liebevoll, achtsam, respektvoll, humorvoll, energievoll zu sein. Welches Wort du auch immer einsetzen möchtest. Wir dürfen wieder lernen, zu spüren und zu wissen, welche Talente wir haben. Zu spüren und zu wissen, was die Aufgabe ist und wie wichtig es ist, sich ihr hinzugeben. Und auch, wenn du jetzt denkst, ich spüre aber gar nichts und ich weiß auch gar nichts, dann ist das vollkommen in Ordnung und sogar in irgendeiner Weise spirituell und selbstliebend, und eben vor allen Dingen vollkommen in Ordnung!

Aber jetzt nochmal zurück zu diesem Buch. Bevor wir gleich in die Tiefe gehen, möchte ich dir danken, dass du dir diese Zeit nimmst. Ich möchte dir danken, dass du das Wichtigste, was du hast, nämlich Lebenszeit, in dieses Buch investierst, um das zu lesen, was ich hier an einem Montagmorgen in meiner Küche schreibe. Im wundervollen Schwarzwald. Während ich aus dem Fenster schaue und denke: Wow, Tania, Du schreibst jetzt wirklich ein Buch. Und jetzt wünsche ich dir eine wundervolle Zeit mit meinen Zeilen und Worten. Eine wundervolle Reise in die Leichtigkeit, in das Lachen und vor allen Dingen in das »Sein«, denn darum geht es, zu sein und eben nicht nur zu funktionieren. Los geht's.

TEIL I

ABHEBEN – WIE ALLES BEGANN

Im Augenblick bin ich auf einem Höhenflug. Zumindest fühlt es sich so an. Ich bin sehr erfolgreich auf allen Social-Media-Kanälen, über eine halbe Million Menschen folgen mir tagtäglich und hören mir zu. Sie feiern mich und sagen mir immer wieder, wie gut ich Ihnen tue. Das ist Segen und Fluch zugleich, denn einerseits fühle ich mich dadurch gehypt, gesehen, geliebt, geachtet, respektiert und andererseits kickt die Angst. Was ist, wenn? Was ist, wenn von heute auf morgen das Internet zusammenbricht, sieht mich dann überhaupt noch jemand? Was ist, wenn niemand in die Hallen kommt, in denen ich gerade toure? Was ist, wenn was ist, wenn was ist, wenn …?

Jeder Mensch, der schon einmal Erfolg verspürt hat, weiß, wie bitter genau diese Angst sein kann. Das ist ein Gefühl, das sich so ganz langsam durch den Hals über die Speiseröhre im Magen verbreitet, bis dir fast schlecht wird. Manche Menschen müssen sich tatsächlich übergeben. Ich Gott sei Dank nicht.

Genau aus dieser Perspektive möchte ich schreiben. Stell dir vor, ich sitze auf einem fliegenden Teppich – lassen wir ihn einfach pink oder rosa sein – und ich schaue hinunter. Ich sehe mich. Und jetzt gehe ich einfach ein paar Jahre zurück. Ich möchte dir davon erzählen, wie ich zu diesem Menschen geworden bin, der ich heute bin. Denn stell dir vor, mein Leben war nicht immer so, nein, ganz im Gegenteil! Und eins vorneweg: Hätte ich vor vielen Jahren, schon das gewusst, was ich heute weiß, dann hätte ich schon viel früher auf Yoga geschissen … Was ich damit meine, erzähle ich euch. Seid geduldig, lehnt euch zurück, genießt die Show und lasst euch darauf ein. Es wird wundervoll und vielleicht etwas komisch, es wird verrückt und vielleicht etwas emotional, aber vor allen Dingen wird es echt-authentisch und aus tiefstem Herzen EHRLICH.

Wenn ich meine Lebensgeschichte vom Tag meiner Geburt an erzählen würde, würde mir wahrscheinlich dieses Buch nicht reichen. Vor allen Dingen gibt es viele Sachen, an die ich mich gar nicht erinnere. Ich habe da wohl einiges gelöscht – warum auch immer. Mir hat mal jemand erklärt, das wäre eine Art Schutzmechanismus, den man sich in der Kindheit zugelegt hat. Ich kann das nicht beurteilen, und momentan komme ich sehr gut klar damit, ich weiß allerdings nicht, was die Zukunft so bringen wird, und ich habe gelernt, dass oft der Ruf nach etwas genau dann kommt, wenn man am wenigsten damit rechnet. Und vor allen Dingen dann wenn man es am allerwenigsten gebrauchen kann. Diesem Ruf aber dann nachzugehen ist fast unumgänglich, wenn man inneren Frieden haben möchte. Diese Themen klopfen sozusagen immer wieder von innen an und lassen dich erst wieder in Ruhe, wenn du dich um sie gekümmert hast.

Wenn man so auf einem Teppich sitzt und sein Leben beobachtet, kann man so viel sehen und so viel verstehen, denn wie sagt man so schön:

»Das Leben lebst du vorwärts,
und verstehst es rückwärts.«
Søren Kierkegaard

Also fangen wir an, ich wurde 1976 hier in diesem wundervollen Städtchen namens Offenburg geboren. Ich bin das Kind zweier Italiener, deren Eltern in den Sechzigerjahren als Gastarbeiter nach

Deutschland gekommen sind. Heute würde man diese Menschen Wirtschaftsflüchtlinge nennen, denn wir hatten keinen Krieg in Italien, aber tatsächlich hatten meine Großeltern sehr wenig Geld zum Leben.

Ich bin den klassischen Weg gegangen: Kindergarten, Grundschule, Gymnasium, erfolgreich Anfang der 12. Klasse abgebrochen. So wie sich das gehört. Ich habe schon damals gemerkt, dass ich aus dem Raster falle und nirgendwo so richtig reinpasse. Ich habe schon früh rebelliert. Ob das nun richtig oder falsch war, das lassen wir jetzt einfach mal so stehen, weil ich fest daran glaube, dass es nichts Falsches im Leben gibt.

Aber was ich jetzt mit 48 Jahren auf jeden Fall sagen kann: Man sollte vielleicht an der einen oder anderen Stelle doch über gewisse Handlungen nachdenken. Ob sich dann die Handlung ändern würde … hmmmm, wahrscheinlich nicht. Sonst wäre ich schließlich heute nicht an dem Punkt, an dem ich jetzt bin ☺

Nach einigen sehr holprigen und auch sehr schmerzhaften und lehrreichen Jahren war mir klar, dass es weder gesund noch klug wäre, so weiterzumachen. Egal, ob ich dieses System nun mag oder nicht, ich lebe darin. Also sollte ich zumindest versuchen, es so gut wie möglich für mich und mein Leben anzunehmen. Und gerade als mir das klar wurde, passierte mir etwas, was im Laufe meines Lebens immer und immer wieder passierte: Ich bekam unerwartet eine Chance. So als ob es jemand sehr gut mit mir meint. Immer wieder komme ich in Situationen, in denen ich auf einmal aus dem Nichts Chancen bekomme. Aber damals habe ich das gar nicht so als Chance gesehen. Im Gegenteil, eher so … AH, GLÜCK GEHABT. Mittlerweile weiß ich einfach, dass ich wohl ziemlich gut angebunden bin und meine Wünsche gut und präzise formuliere.

Die Chance, die ich plötzlich nach Schulabbruch und Auszug von zuhause bekam, war eine Ausbildung im medizinischen Bereich. Aber als ich die dann in der Tasche hatte, hatte ich die allerbeste Idee ever: mit 22 Jahren selbstständig zu werden und eine kleine Kneipe zu eröffnen. Ja, das war eine mega Idee! NICHT! Ich bin nach nur einem Jahr mit sage und schreibe 60 000 Euro Schulden aus dieser ganzen Geschichte rausgegangen. Nun saß mir nicht nur das Finanzamt im Nacken und ich musste so schnell wie möglich Geld wieder verdienen, sondern ich hatte auch noch einige weitere Schuldner, die Geld von mir wollten.

Ich musste also so schnell wie möglich Arbeit finden. Schon damals wusste ich: Ich kann viel, gut und überzeugend reden, das ist meine Stärke. Also ging ich dahin, wo genau das gebraucht wird: ins Call Center. Nun kann man das Verteufeln und schrecklich finden. Man kann aber auch sagen, dass es in diesem Moment auf jeden Fall die schnellste und effektivste Weise gewesen ist, um Geld zu verdienen. Und außerdem hat mir das persönlich in der Situation genau das gebracht, was ich gebraucht habe: Anerkennung. Und auch Zeit. Zeit zu erkennen, wo meine Talente liegen, und Zeit zu erkennen, was ich nicht wollte, beziehungsweise, was ich überhaupt wirklich konnte. Am Ende habe ich ganze neun Jahre in diesem Unternehmen gearbeitet (Ich wollte – wie alle – nur mal kurz bleiben, um dann was Richtiges zu finden). Ich habe dort viele Chancen bekommen und war am Ende standortübergreifend für die Qualität zuständig. Außerdem habe ich dort so wahnsinnig viel gelernt. Am Ende habe ich diesen Arbeitsplatz durch eine ganz krasse Geschichte aufgegeben.

Zu dieser Geschichte werde ich auf jeden Fall noch kommen, weil das eine der wichtigsten Geschichten meines Lebens ist. Wenn ich jetzt von dem Teppich aus auf mein Leben blicke, würde ich sagen, es gibt zwei Geschichten in meinem Leben, die viel verändert haben und die einen großen Einfluss auf mein Leben hatten. Und immer waren es Menschen, die mich von außen dahin gebracht haben. Und immer waren es Geschichten, die im ersten Moment nicht gut waren. Genau eine dieser beiden Geschichten möchte ich euch an dieser Stelle gleich mal erzählen.

MEIN WEG ZUR SPIRITUALITÄT

Es ist 2003. Ich bin in der Blüte meines Lebens, 27 Jahre alt, gefangen in einer unglücklichen Beziehung mit einem Mann, der drogenabhängig ist und mehrere Psychosen hinter sich hat. Ich bin so voller Wut und Aggressionen und voller Angst und unglücklich mit meinem Leben. Ich schaffte es nicht, aus dieser Beziehung herauszukommen. Deshalb versuchte ich, so wenig Zeit wie möglich zu Hause zu verbringen. Ich arbeitete jeden Tag enorm viel und suche mir nebenher noch andere Möglichkeiten, um Geld zu verdienen. Zum einen, um tatsächlich einfach nicht zu Hause zu sein, aber zum anderen auch, weil ich extrem hohe Schulden hatte und mein Freund sehr wenig zu unserem gemeinsamen Leben beisteuerte.

Ich glaube, das war die Zeit, wo ich begann, innerlich zu verkümmern, aber auf einmal waren da auch in mir Aggressionen, die ich noch nie so gefühlt hatte. Wütend und leicht reizbar, das war ich schon eine Weile, das war nicht neu. Ich war schon immer schnell auf 180 und ließ mir von anderen nichts sagen. Das war schon so, als ich in der typischen Ausgeh-Phase war und oft in Clubs und Diskos abhing. Vor allem von Männern ließ ich mir nichts sagen. Versteht mich nicht falsch, das ist nichts, worauf ich stolz bin oder so, aber ich habe versprochen, ehrlich zu sein, und das ist es … EHRLICH.

Aber dieses Mal ging ein Rollladen vor meinen Augen runter und auf einmal war ich gefangen mit dieser Wut. Heute würde ich sagen, das waren die Wut auf das Leben und die Wut auf die Ungerechtigkeit. Aber damals konnte ich nicht genau erklären, worum es ging. Ich hatte keine Lust, es zu erklären oder zu verstehen. Gott sei Dank kam nie jemand wirklich zu schaden. Außer vielleicht die eine oder andere Freundin, die sich mit mir verstecken musste, oder? Die eine oder andere peinliche Situation für mein Umfeld gab es auch. Aber so war ich halt. Laut! Rebellisch! Wütend! Und schnell auf 180. Ich hatte mein Temperament und meine Emotionen absolut null im Griff.

Ihr könnt euch vorstellen, was das im beruflichen Umfeld bedeutet. Ich weiß nicht, wie oft mir gesagt wurde, ich sollte mich mal beruhigen. Das ist der beste Satz, wenn du eh schon auf 180 bist. Wenn dir dann jemand sagt »bleib doch sachlich« oder noch besser »beruhig dich mal«. Dann ist Schluss, over, Ende, aus.

Das ist auch genau der Grund, warum ich irgendwann dann Kommunikationstrainerin geworden bin: Um den Menschen zu sagen, was sie eben in solchen Situationen nicht sagen sollten!

Okay, also stellt euch nochmal vor, wir sind mittlerweile im Jahr 2003, ich habe die eine oder andere Position in diesem Unternehmen bekommen und versuche, mich so gut es geht an Regeln zu halten und nicht bei jeder Gelegenheit zu toben. Und ich merke, der Druck in mir drinnen wird immer größer und größer.

Ich komme in ein Büro mit zwei sehr liebenswerten Kollegen, einer davon ist dominant und zeigt mir immer wieder sehr genau, was meine Learnings sind. Was ich machen muss, wo ich noch mehr machen darf, was sich gehört, wie ich mich zu verhalten habe und so weiter (ich bin bis heute noch mit ihm befreundet, also alles gut ☺).

Ich merke, dass er mich an der einen oder anderen Stelle an meinen Vater erinnert, und das ist fatal. Das macht mich noch wütender. Aber das hat gar nichts mit dem Kollegen an sich zu tun. Das ist eher mein Ding, in mir drinnen wird's immer enger, immer lauter. Gott sei Dank habe ich zu der Zeit keinen Alkohol getrunken und keinerlei Drogen genommen, ich weiß nicht, wie das sonst geendet wäre. Ich war irgendwann an dem Punkt, dass ich dachte, ich halte das alles nicht mehr aus. Es ist mir zu eng hier, ich muss gehen, ich brauche etwas anderes. Ich war auf der Suche nach einem Ausweg, ich wollte weg, aber irgendwie doch nicht. Wie so ein angeschossenes Tier bin ich humpelnd rumgelaufen, obwohl ich irgendwie flüchten wollte. Ich kann den Zustand nicht genau beschreiben. Ich hatte immer das Gefühl, nicht richtig zu sein, ich kann nicht erklären, warum ... es war anstrengend und ich war an einem Punkt angelangt, an dem ich keinen Bock mehr hatte zu kämpfen. Ich wollte aufgeben und gehen.

Und genau in diesem Augenblick passierte Folgendes. Es war ein Donnerstag und es war wieder ein krasser, emotionaler Tag für mich gewesen, an dem ich so viel unterdrücken musste. Und wieder war da diese Wut, die bis in jede Ritze meines Körpers zu spüren war und die ich sogar in meinen Schläfen pochen hörte. Ich wollte nur nach Hause, als meine liebenswerte Kollegin Iris mich vor der Tür abfing und fragte: »Was ist los mit dir, Tania? Du siehst nicht gut aus, ist alles in Ordnung?« »Nein«, sagte ich ziemlich verzweifelt, »ich halte das nicht mehr aus. Es ist mir einfach zu anstrengend, mich anzupassen. Ich bin nicht dafür geboren, ich bin anders ... In mir drinnen rebelliert alles. Ich will das nicht mehr. Ich bin wütend, wütend, wütend und weiß nicht einmal auf wen und warum. Ich fühle mich wie ein Hamster im Hamsterrad gefangen. Und ich habe keine Lust mehr. Ich denke, ich werde kündigen.« Eigentlich war ich an dem Abend mit Iris und noch einer anderen Frau, Bettina, verabredet, aber ich sagte ihr: »Ich glaube, ich komme heute Abend nicht mit. Ich habe keine Lust, keine Kraft, ich möchte nicht!«

Sie schaute mir tief in die Augen und sagte dann etwas, mit dem ich so gar nicht gerechnet hatte: »Vertraust du mir?« Hä? Was ist das denn für eine Frage. Ja, klar vertraute ich ihr. In diesem Augenblick kam noch ein Impuls: Das ist eine Chance, das ist eine Chance für mich, für meine Wut, für mein Leben. Es war wie eine Botschaft, die ich in dem Moment bekam, und ich schaute sie an und sagte: »Ja. Ich vertraue dir«. »Okay«, sagte sie »dann komm mit, komm mit, ich möchte was ausprobieren.« Und was dann geschah, das könnt ihr euch nicht vorstellen.

Das war der Grundstein für die Tania, die ich heute bin. Wenn es Iris damals nicht gegeben hätte, weiß ich nicht, was aus mir geworden wäre. Der Weg, auf dem ich mich zu diesem Zeitpunkt gerade befand, war auf jeden Fall kein guter. Wir gingen an dem Abend also doch zu Bettina nach Hause und sie sagte: »Tania, lass uns etwas miteinander machen, ich weiß nicht, ob das funktioniert, aber wenn wir es nicht versuchen, werden wir es niemals nie wissen.« Also ließ ich mich darauf ein. Was dann kam, war vollkommen neu für mich. Heute weiß ich, dass es sich um eine kleine Familienaufstellung handelte. Damals wusste ich nicht, was mit mir passierte. Ich kannte mich mit diesen Sachen nicht aus, ich wusste gar nicht, was Spiritualität ist oder was auch immer da passierte. Aber ich machte einfach mit.

Wir machten eine Art Rollenspiel, nennen wir es so. Zumindest kam es mir so vor. Wir spielten Szenen aus meiner Kindheit nach, an denen Familienmitglieder beteiligt waren, unter anderem meine Eltern.

Iris testete, was das alles mit mir machte, und merkte schnell, wohin meine Wut strahlte. Meine Mutter, mein Vater, ich – dieses Konstrukt war schwierig. Was dann mit mir passierte, kann ich schlecht in Worte fassen, aber ich versuche es mal. Wir spielten eine Situation nach, in der es um meine Eltern ging. Worum es genau ging, ist nicht so wichtig, aber entscheidend war, dass ich mir in der Situation eine andere Reaktion meiner Eltern gewünscht hätte. Natürlich lag dem Ganzen eine tiefe und komplexe seelische Verletzung zugrunde. Aber das war mir in dem Moment nicht klar. Ich weiß auch tatsächlich nicht, ob es Iris in dem Moment klar war, welchen Stein sie damit ins Rollen gebracht hatte. Wir spielten die gleiche Situation noch einmal nach, aber diesmal hatte ich Iris vorher gesagt, welche Reaktion ich mir von meinen Eltern gewünscht hätte. Dabei legte Iris die Hand auf meinem Rücken und sprach die Worte aus, die ich damals gebraucht hätte. Was in diesem Moment in mir passierte, um genau zu sein, was in meinem Herzen passierte, kann ich nicht in Worten beschreiben.

Ich würde sagen, ich habe in meinem Herz einen Schmerz gespürt, wie ich ihn noch nie in meinem Leben gespürt hatte. Es war so eine tiefe Wunde und so ein tiefes Gefühl, dass ich gar nicht wusste, was ich damit anfangen sollte. Tränen schossen mir in die Augen und ich stand einfach da und weinte und weinte und weinte und konnte mich gar nicht mehr beruhigen. Was war da gerade mit mir passiert, das ist doch nur ein fucking Rollenspiel! Was passiert hier?

Aber es war so viel mehr als das. Rückblickend war das der Anfang von allem. Es war der Anfang von meiner Geschichte und der Beginn von dem, was mich heute ausmacht, Tania mit allen Facetten, allen Ecken, allen Kanten und allem, was dazugehört. Was Iris damals mit mir gemacht hat, war nichts anderes als ein WIEDERbeginn einer wundervollen Geschichte. Ich ging nach Hause und ich merkte, dass sich etwas verändert hatte. Nicht sofort, auf einen Schlag, das wurde mir Tag für Tag, Stunde um Stunde klarer. Etwas war anders. Jetzt weiß ich, dass ich zu dieser Zeit den ersten Schritt gemacht hatte, um zu verzeihen, nicht zu *vergessen*, verwechselt das bitte niemals, das ist ein großer Unterschied.

Aber verzeihen! Und das Krasse am Verzeihen ist, dass du das niemals für die anderen, sondern immer für dich tust. Und genau das habe ich mit diesem unbedeutenden, kleinen Rollenspiel getan. Mit diesem Spiel, das in meinen Augen damals einfach nur ein kleines Theaterstück war, begann für mich die Reise, auf der ich erkannte: Oh Gott, es gibt hier einfach so viel mehr.

Auf einmal breitete sich in mir ein Gefühl aus, das ich gar nicht kannte. Nennen wir es Ruhe. Ausgeglichenheit. Zufriedenheit. Etwas in dieser Art. Ich war nicht mehr so rastlos und ich merkte, ich brauche gar nicht so viel da draußen zu suchen. Die Lösungen sind in mir drin. Das war das erste Mal, als ich das erkannte. Ich kann euch sagen, damals war es nicht so wie heute. Du konntest nicht einfach mal auf Instagram oder bei Google nach Ratschlägen suchen.

Nein, damals musstest du sehr gut darüber nachdenken, mit wem du über solche Sachen sprichst.

Ich begann, Bücher zu kaufen. Über positives Denken, über Mindset, über Affirmationen, Manifestation, Bücher, die komplett verpönt waren. Kein Mensch wollte die lesen, dennoch kaufte ich mir diese Bücher und begann zu lesen. Ich wollte verstehen, wie ich an den Punkt komme, an dem ich mit mir selbst zufrieden bin. Wie ich endlich erkenne, wer ich bin, was in mir schlummert und vor allen Dingen wie ich diese Wut, diese unendliche Wut auflösen kann. Damals war ich noch gar nicht in der Lage zu begreifen, was das bedeuten würde und wie umfassend das ist.

Ich hatte keine Ahnung, was es bedeutet, tatsächlich Glück zu empfinden, aber es war der Anfang, der Anfang von so vielen, und ich werde Iris mein Leben lang in tiefster Dankbarkeit immer, immer, immer wieder sagen: »Du bist schuld an alledem.«

Danke dafür, du wundervolle Seele.

Nun funktioniert Spiritualität oder Mindset, Persönlichkeitsentwicklung oder wie auch immer du es nennen magst, aber nicht so, dass du eine Übung machst, und dann ist alles vergessen und verziehen. Nein, so leicht ist es nicht. Aber mit diesem Spiel mit Iris hatte sich bei mir etwas in Bewegung gesetzt.

Ich hatte erkannt, dass ich allein durch ein vermeintlich lächerlich kleines, süßes Rollenspiel ganz viel in mir bewegen kann. Das machte mich neugierig. Sehr sogar. Denn ich wollte in Frieden mit mir leben. Ausgeglichen. Glücklich. So wie andere Menschen das auch machen.

Denn in Wahrheit war ich eben nicht glücklich.

Ich war der typische People Pleaser. Ich wollte es allen immer recht machen. Und dabei vergaß ich einfach mich selbst. Ich spielte immer die Starke. Ich tat so, als wäre es mir vollkommen egal, dass mein Partner nicht an meinem Leben teilnahm. Ich hatte es mir in meinem Kopf so zurechtgelegt, dass ich mein Ding mache und wenn er daran nicht teilhaben möchte, dann hat er eben Pech gehabt.

Aber so war es nicht. In Wirklichkeit litt ich wie ein Schwein darunter. Dabei war ich doch gerade in der Blüte meines Lebens, aber Leidenschaft gab es schon lange nicht mehr, und ich machte alles allein. Ich fing ein Studium an, besuchte unzählige Fortbildungen, schärfte meinen Verstand immer mehr. Durch die vielen Bücher und durch dieses Eintauchen in eine solche Tiefe erkannte ich bald etwas. Etwas, das auch das Hauptthema dieses Buches ist.

Ich erkannte, dass das wirkliche Glück, der wirkliche Frieden, das wirkliche Fühlen und Spüren einzig und allein in dir drinnen stattfindet. Und egal, welches Buch über Glück und Frieden du auch liest, zum Beispiel *Siddharta* von Hermann Hesse oder *Der Alchimist* von Paulo Coelho, oder welches Buch auch immer, am Ende ist es immer das Gleiche: Jeder sagt, dass dein Glaube, dein Glück und dein Frieden, bereits in dir sind und du sie nur finden musst.

In der Theorie ist das sehr einfach, aber wie handhaben wir das denn jetzt in der Praxis? Mhm? Ich habe da so eine Theorie. Ich habe das Gefühl, dass das Thema mich findet und irgendwann merke ich: Ah, ich mach das ja bereits. Genau so war es hier auch. Durch diese vielen Bücher zu diesem Thema begann ich auch zu praktizieren. Was hieß das konkret?

Konkret fing ich an zu affirmieren, ich fing an zu manifestieren, und ich fing an zu meditieren. Ich fing an über Sachen nachzudenken, ich fing an Gewohnheiten infrage zu stellen, und ich fragte mich immer: »Warum triggert mich jetzt genau diese Szene so sehr?«

Man könnte sagen, zum einen füllte ich meinen Verstand und mein Herz mit guten Dingen und zum anderen analysierte ich mein Verhalten. Wenn ich bei etwas merkte, okay, daran muss ich arbeiten, suchte ich mir jemanden, der mir dabei helfen konnte.

Manchmal war es ein Coach, manchmal ein Therapeut, manchmal ein anderes Buch, manchmal ein Podcast. Jedes Mal bin ich los und suchte nach der passenden Lösung für mein Problem.

Und da ich mich Stück für Stück in meinem Inneren änderte, begann auch das Außen sich zu verändern. Ich glaube, das ist ein normaler Prozess, der genau dann stattfindet, wenn du beschließt, nicht alles als selbstverständlich und von Gott gegeben hinzunehmen. Wenn du anfängst, dich zu fragen: Warum mach ich das denn genauso? Oder ist es richtig es so zu machen? Oder fühlt es sich für mich gut so an? Dann beginnt sich etwas in deinem Leben grundlegend zu ändern und du fängst an dich zu erinnern, dass du auch eine eigene innere Stimme hast.

Wir machen so viele Dinge im Leben, weil wir sie halt machen, weil wir sie vorgelebt bekommen oder weil es schon immer so war, und prüfen nicht, ob das für uns überhaupt passt. Natürlich ist es für andere erst einmal komisch zu sehen, dass sich ein Mensch auf einmal verändert und Dinge anders macht als vorher.

In meinem konkreten Fall bedeutete das, dass Menschen mich auf einmal sehr provokant oder auch gesellschaftskritisch wahrnahmen. Dabei wollte ich gar nicht provozieren. Also damals nicht, jetzt schon, hahaha.

Damals stellte ich nur Fragen und erhoffte mir Antworten. Ich habe aber gemerkt, dass Menschen sich nicht ändern wollen. Viele Menschen mögen es zu jammern, sich als Opfer zu fühlen und die Schuld allen anderen zu geben anstatt Verantwortung zu übernehmen und zu sagen: »Okay, ich mag nicht, was da passiert, und deshalb ändere ich das jetzt. Ich suche mir einen Weg, der zum System passt, aber auch für mich in Ordnung ist.« Manchmal ist der Kompromiss etwas größer und mal eben nicht, aber es gibt immer eine Lösung.

Lass uns doch jetzt gemeinsam los- oder weiterfliegen und schauen: Warum ist denn vieles so, wie es ist? Warum sind wir gefangen in so vielen Mustern? Woher kommen wir? Was sagt uns die Gesellschaft, was wir zu tun haben? Warum ist das so?

DIE MACHT DES AUSSEN

Wenn wir uns vom Teppich aus anschauen, wo wir herkommen, was uns schon jahrzehntelang immer und immer wieder gesagt wird, stellen wir fest: Das ist schon eine ganz schön krasse Scheiße. Insbesondere für uns Frauen.

Generell würde ich sagen, das gilt nicht für Mann oder Frau, ich glaube, da gibt es eine sehr große Schnittmenge. Da ich aber nun mal eine Frau bin und alles aus dieser Perspektive sehe, werde ich auch in diesem Buch wohl tiefer aus dieser Perspektive schreiben.

Diese Frau, über die wir reden, hat so viel Bullshit in ihrer DNA bekommen, dass es fast nicht auszuhalten ist. So Wörter wie **genügsam, sittsam** oder gar **bescheiden** sagt man immer nur in Bezug auf eine Frau, nie auf einen Mann. Was ist das für eine kranke Geschichte? Das haben wir quasi schon in die DNA gelegt bekommen und danach haben unsere Vorfahren gelebt. Ich glaube sogar ziemlich nahe Vorfahren. Ich würde sagen, sogar unsere Eltern – also meine Eltern auf alle Fälle.

Ich habe das Gefühl, meine Aufgabe auf diesem Planeten besteht darin, Menschen sichtbarer zu machen. Menschen das Recht zu geben zu sagen, was sie denken, Menschen den Mut und die Kraft die Stärke zu geben, sie selbst zu sein. Ihnen dabei zu helfen, sich daran zu erinnern, wer sie wirklich sind.

Meine Eltern hingegen haben ihr ganzes Leben lang versucht, unsichtbar zu sein. Bloß nicht auffallen, immer das tun, was andere cool finden, damit auf gar keinen Fall irgendjemand etwas Schlechtes sagen kann. Die Frage: »Was sagen denn die anderen dazu?« hing immer im Raum. Ich greife an dieser Stelle schon mal vorweg: Achtung Trigger-Warnung!

Mir ist es scheißegal, was andere dazu sagen.

Aber ehrlicherweise muss ich euch an dieser Stelle sagen, dass der Weg zu dieser Haltung unheimlich schwer, holprig, steinig, und vor allen Dingen sehr angstvoll und schmerzhaft war. Aber kommen wir wieder zurück zum Thema, was wir in unserer DNA haben. Abgesehen von Freunden, Eltern, Verwandten, Lehrern und so vielen anderen Menschen, die uns prägen und uns zeigen, was ihrer Meinung nach richtig ist, gibt es noch eine ganz große Instanz, die uns prägt: Und das ist die Gesellschaft!

Die Gesellschaft bestimmt einfach die Norm. Das heißt, wir bekommen schon früh im Leben gesagt, was man macht und was nicht. Das bedeutet, früh zu lernen, Sachen zu tun, die wir von außen gesagt bekommen, ohne darüber nachzudenken oder unsere eigene Meinung miteinzubeziehen. Nehmen wir einfach mal die Vorstellung davon, wie eine Frau zu sein hat.

FRAUENLEBEN MIT ECKEN UND KANTEN

Achtung: Hier wird jetzt mit sehr viel Ironie und Sarkasmus das Leben einer Frau beschrieben!

Der klassische Werdegang mit Kindergarten, Grundschule und weiterführender Schule. Dann ist natürlich klar, mindestens ein Jahr Auslandsaufenthalt und auf alle Fälle ein Studium, denn nur wer studiert, ist heutzutage auch was wert!

Dabei gibt es so viele großartige, schöne Berufe, für die man kein Studium braucht. Aber die meisten Menschen haben keinen Bock mehr, etwas mit ihren Händen zu machen. Schade eigentlich. Und damit wäre zumindest ein kleiner Teil des Fachkräftemangels erklärt. Ok, weiter im Text.

Nach dem Studium sind wir so Mitte 20, suchen einen Job und müssen uns aber auch darum kümmern, ganz bald einen Partner zu finden. Das ist ja der Sinn des Lebens: sich fortzupflanzen und dafür zu sorgen, dass die Menschheit erhalten bleibt!

Denn – und jetzt wird's nämlich interessant – nach dem Studium und mit dem ersten Job bist du ja schon Mitte/Ende 20 und ab 33 giltst du bereits als spät gebärend. Das heißt im günstigsten Fall hast du genau drei bis fünf Jahre Zeit, um zu arbeiten und eine Position aufzubauen, denn spätestens dann fängt die biologische Uhr an zu ticken, und zwar sehr laut. Das Schöne daran ist, dass dich deine Außenwelt auch immer wieder daran erinnert: »Willst du keine Kinder?«, »Willst du spät Mutter werden?«, »Hast du keinen Kinderwunsch?«

Ab dem 28. Geburtstag sind diese Fragen Alltag im Leben einer Frau. Wir können das aber noch toppen, indem wir einfach sagen, okay, dann bekomme ich mein Kind eben nach meinem 33. Geburtstag, bedeutet aber: Achtung, risikoschwanger. Spätestens ab 36!

Was für Scheiß-Ausdrücke sind das denn bitte! Wenn du über 35 bist und beschließt, noch ein Kind zu bekommen, wirst du sowieso schon schräg angeschaut, und die Medizin gibt dir in dem Fall einfach noch den Rest. By the way – ich habe meine erste Tochter mit 37 bekommen, meine zweite Tochter mit 42, und ich sage euch, ich würde es immer und immer wieder genauso tun!

Davor wäre ich gar nicht in der Lage gewesen, auch nur im Ansatz die Verantwortung für ein Kind zu übernehmen.

Meine Schwangerschaft mit 42 war so viel geiler als die mit 37, und ich bin so dankbar, dass ich mich diesen komischen Stimmen nicht gefügt habe, sondern dass ich auf meine eigene Stimme gehört habe, und es einfach so gemacht habe, wie ich es für richtig halte.

Jetzt bin ich 48 Jahre alt und ich wäre immer noch in der Lage, ein Kind zu bekommen, aber ich habe schlicht und ergreifend keinen Bock mehr! Meine Frauenärztin hat gesagt, die Natur macht das schon sehr gut und bestimmt einfach, wenn es nicht mehr geht. Wenn die Frau nicht mehr schwanger wird, dann geht's halt nicht mehr, ganz ohne Statistik. Und es geht nicht darum, dass mein Körper nicht mehr kann oder dass ich müde oder alt bin, nein, es geht darum, dass ich keinen Bock mehr habe! Ich bin mit zwei Kindern vollkommen ausgelastet und sehr dankbar dafür, dass sie gesund sind. Ich möchte einfach keine weiteren Kinder mehr.

So, jetzt bist du schwanger und freust dich auf dein Kind, egal ob jetzt spätgebärend, risikoschwanger oder was auch immer. Du glaubst einfach diesen ganzen Medien, dass du endlich den Sinn deines Lebens erkennst, denn der besteht ja bekanntlich darin, ein Kind zu bekommen. Die Aufgabe einer Frau ist es, ein Kind zu bekommen, so steht es geschrieben! Genau an dieser Stelle kommt schon das erste *fuck you!* in mir hoch. Ich glaube tatsächlich, dass sehr viele Frauen nach der Geburt sehr ernüchtert feststellen, dass das eben nicht der Sinn des Lebens ist. Zumindest nicht in diesem Augenblick. Ich dachte, wenn das Kind auf der Welt ist, erscheinen diese beiden Engel am Himmel mit ihren Fanfaren, dem Glitzerstaub und ich bin ein anderer Mensch und erkenne, dass es das Schönste und das Beste auf dieser ganzen Welt ist, ein Kind zu bekommen. Aber genauso war es eben nicht.

Ich bin mir sicher, dass es viele Frauen gibt, bei denen das tatsächlich so ist, und für diese Frauen freue ich mich und ich wünsche Ihnen nur das Allerbeste. Aber was ist mit den anderen? Was ist mit den Frauen, die komplett verwirrt sind, weil sie gerade am Anfang krass überfordert sind und sich nicht wie im siebten Himmel fühlen? Ich möchte gar nicht so tief ins Detail gehen, weil das soll hier kein feministisches Buch werden, aber das Thema gehört einfach dazu.

Meine Gedanken waren jedenfalls andere. Ich fragte mich: Wow, das ist es jetzt? Für den Rest meines Lebens? Echt jetzt?

Und mit den ganzen Fragen kamen auch noch weitere hinzu: Was bist du für eine Mutter? Wie kannst du denn sowas überhaupt denken?

Kleine Randnotiz: Ich liebe meine Kinder über alles und ich bin so dankbar, dass ich sie habe. Sie sind mit Abstand das Beste, was ich in diesem Leben gemacht habe, aber gleichzeitig eben auch das Anstrengendste. Bei mir hat es etwas gedauert, ein paar Wochen, bis ich diesen Zustand annehmen konnte und bis ich es mir erlauben konnte, wirklich zu lieben. Am Anfang war es eher eine Verantwortung und das ist in Ordnung.

Ich wünsche mir, dass ganz viele Frauen da draußen einfach wissen: Es ist okay, wenn du am Anfang in deinen Kindern nicht sofort den Sinn deines Lebens siehst.

Okay, dein Leben hat sich verändert, die Leben der anderen gehen ganz normal weiter und jetzt sagt natürlich die Gesellschaft: schnell, schnell ein zweites Kind hinterher!

Weißt du, warum man schnell ein zweites Kind bekommen soll? Ich kann's dir sagen, Moment – Trommelwirbel: Damit es erledigt ist! Dann hast du es erledigt! Dann bist du fertig damit!

Was um Himmels willen ist denn damit gemeint? Was habe ich erledigt? Das Kinderkriegen? Aber warum? Warum muss sowas schnell erledigt sein?

Jetzt kommt meiner Meinung nach die allerbeste Begründung ever! Sie können dann miteinander spielen! Wie bitte? Miteinander spielen – wann genau machen sie das denn? Wann ist das? Wo ist dieser Mensch, der gesehen hat, dass Kinder miteinander spielen? Ganz ehrlich, kriegt doch deine Kinder dann, wenn du es möchtest, und nicht dann, wenn es die anderen sagen. Damit es erledigt ist! Damit die Leute sagen können, ach schön, dann können sie miteinander spielen!

Du bestimmst, wann du dafür bereit bist oder eben nicht!

Und natürlich ist es sehr wichtig, dass du einen Jungen und ein Mädchen hast. Am besten auch in dieser Reihenfolge, weil dann kann der Junge auf das Mädchen aufpassen! Es gibt ja auch so schöne Sätze, die wir uns dann immer wieder anhören können: Zwei Kinder ist super! Ein Kind ist kein Kind!

An alle Einzelkinder da draußen, ich bin übrigens auch ein Einzelkind und nur mal eben so: Ein Kind ist ein Kind und nicht erst vollkommen, wenn das zweite Kind kommt. Wie kann man solche Sätze einfach so auf die Menschheit loslassen? Ich rege mich jetzt gerade schon wieder so auf, dass ich am liebsten sagen würde: Sag mal, hat man euch eigentlich ins Hirn geschissen?

Achtung, wenn du drei Kinder kriegst, das ist dann schon wieder asozial! Dann kommen so schöne Sachen wie: »War das beabsichtigt?«, »Habt ihr keine anderen Hobbys?«, »War das wirklich ein Wunschkind?« Ich sage es euch ganz ehrlich, wenn mich jemand Sachen fragt, die ihn meiner Meinung nach einen feuchten Dreck angehen, dann frag ich einfach zurück: »Na, warst du heute schon mal kacken?« Und witzigerweise verstummen die meisten dann und es ist tatsächlich ziemlich ruhig. Vielleicht auch etwas unangenehm, aber damit haben sich diese Fragen dann einfach erledigt.

Okay, nun hast du deine zwei Kinder. Jetzt wird es natürlich Zeit, dass du währenddessen auch schon ein schönes Einfamilienhaus gekauft hast. Mit einem Vorgarten am besten, mit schönen Blümchen und Pampasgras, Hund und Katze dürfen nicht fehlen, das haken wir natürlich alles ab. Ganz wichtig ist natürlich, dass alles in deinem Haus absolut perfekt ist. Die Möbel müssen aufeinander abgestimmt sein, es muss immer picobello sauber sein, nur dann bist du auch die gute Frau, die du sein willst oder – sein wir ehrlich – sein musst.

Und nun kommt das Allerbeste überhaupt, denn nun beginnt die Kindererziehung!

Das Schöne ist, dass alle, wirklich ausnahmslos alle, miterziehen und dir Ratschläge geben. Immer und immer wieder, jeder Ratschlag ein Schlag in die Fresse.

Ich muss an dieser Stelle wirklich auch sagen: Die besten Ratschläge habe ich immer von den Menschen bekommen, die selbst keine Kinder haben, oder noch besser keinen Kontakt mehr zu ihren Kindern haben. Wichtig bei der Erziehung ist natürlich, dass du die Kleider der Kinder selbst nähst, wenn du sie kaufst, dann nur aus irgendwelchen naturbelassenen Stoffen, die aus irgendeinem Land importiert werden, das natürlich keinerlei verwerfliche Hintergründe hat. Außerdem musst du alles selbst frisch kochen. Im Grunde kann man das auf wenige Worte herunterbrechen: Medienfrei. Zuckerfrei. Fleischfrei. Schimpfwortfrei. Autoritätsfrei. Grenzenfrei. Ach, was weiß denn ich frei.

Jeder auf diesem Planeten weiß einfach besser als du, wie du dein Kind zu erziehen hast, und hat irgendwelche klugen Tipps, Ratschläge, Bücher oder Beispiele aus dem eigenen Leben. Und am Ende bist du noch verwirrter als davor.

Also wir erziehen nun dieses Kind perfekt und das zweite natürlich auch. Parallel brauchen wir ein Hobby, weil wir mit unserem Halbtagsjob, in dem wir uns auf jeden Fall beweisen wollen, nicht ausgelastet sind! Das ist aber noch lange nicht genug, wir gründen außerdem einen Bastelclub, parallel werden wir Elternbeirat oder vielleicht Beauftragter für die Bastelecke im Kindergarten, Schminken kommt auch immer sehr gut an. Und in der Schule melden wir uns einfach für jeden freiwilligen Dienst, nachmittags spielen wir Taxi für die Kinder, weil jedes Kind mindestens zwei Hobbys haben muss, die es auf das Leben vorbereiten! Weil, sind wir mal ehrlich, die Schule macht das ja schließlich nicht. Dann fördern und fordern wir unsere Kinder selbstverständlich und schauen, dass sie ins Ausland kommen, damit sie dann studieren können. Schließlich sollen sie ja den gleichen Weg einschlagen wie wir.

Wir achten natürlich weiterhin darauf, dass unser Haus immer picobello sauber ist, und machen Sport, damit wir selbst in Form bleiben. Am Abend, wenn der Ehemann nach Hause kommt, richten wir uns hübsch her, weil der will schließlich auch noch etwas von uns haben! Ganz ehrlich, wer war dieser Mensch, der diese ganzen Regeln in die Welt gesetzt hat? Zu nah an der Wand geschaukelt? Was sind denn das für Ansprüche?

Und jetzt kommt die Frage aller Fragen: Kann mir jemand sagen, wofür wir das machen? Warum? Was soll das Ganze? Wie viele Burnouts muss ich denn haben, um das alles erfüllen zu können? Ich stelle jetzt mal eine These auf: Bestimmt war das ein Mann, der sich das ausgedacht hat! Ach, wie schön! Wie schön, dass die Gesellschaft ganz genau weiß, wie das perfekte Leben einer Frau auszusehen hat und uns das immer wieder vorhält. Damit wir uns auch ja richtig schlecht fühlen, sobald wir diese Perfektion in irgendeiner Form verfehlen.

- Verdammt, ich habe schon wieder nicht gekocht!
- Verdammt, ich war heute wieder nicht mit meinem Kind im Wald!
- Verdammt, ich habe nur einmal alle zwei Monate Sex mit meinem Partner!
- Verdammt, ich habe schon wieder nicht mit meinem Kind gebacken!
- Verdammt, verdammt, verdammt – eine Verfehlung nach der anderen. Und Zack, schon zweifelst du mal wieder an deinem Muttersein.

Es gibt für alles eine Regel und ein richtig oder falsch. Und warum gibt es so viele Statistiken? Ich sage euch, ich passe in wenige Statistiken, und mein Mann, der passt auch da nirgends rein: Ich bin viel zu klein und mein Mann viel zu groß. Ich bin viel zu alt, mein Mann viel zu jung. Ich liege immer unter der Kurve, er immer drüber.

Trotzdem haben wir zwei putzmuntere Kinder, denen es richtig gut geht und die übrigens auch in keine Statistik passen, weil die beiden auch viel zu groß und viel zu schlank sind. Ich habe mich sehr lange davon triggern lassen und habe sehr lange versucht, diese Norm zu erfüllen, bis ich eines Tages gemerkt habe: Moment mal, für wen lebe ich denn dieses Leben? Wofür mache ich das denn hier? Oder noch besser: Für wen mach ich das denn hier?

Eine kleine Geschichte zum Thema Schlafen und Kinder hat mich auch sehr geprägt.

Unsere erste Tochter hatte es leider nicht so mit dem Schlafen. Tagsüber war sie ein sehr entspanntes Kind, doch sobald es zur Schlafenszeit ging, drehte sich das in das andere Extrem. Wir haben zwei Jahre sehr wenig geschlafen und vor allen Dingen sehr wenig am Stück geschlafen.

Ich glaube, es gibt viele Eltern, denen das so geht. Die Frage ist immer nur, wie gehst du damit um? Wenn du mit anderen Eltern redest, bist du natürlich die Einzige, bei der das so ist. Glaubt man den anderen, schlafen deren Kinder bereits mit zwei Monaten durch, mit vier Monaten laufen sie und mit sieben Monaten machen sie rückwärts Flickflack und essen Speck mit Bratwürsten. Ich frage mich, wann diese Mütter-Mafia entstanden ist. Mein Kind kann das, mein Kind kann jenes und mein Kind dieses. Und das ist das schnellste, schönste, größte, tollste auf diesem Planeten.

Monate später hörst du dann eine Geschichte von genau dieser Person und erkennst, dass das Kind eben nicht durchschläft!

Okay, aber kommen wir zu meiner Geschichte zurück. Wir haben also zwei Jahre kaum geschlafen und das zehrt natürlich an den Nerven. Ich habe das Kind immer pünktlich um acht Uhr ins Bett gebracht, weil auch alle anderen Kinder um diese Zeit schon lange geschlafen haben, nur unsere Tochter eben nicht. Die Nächte waren eine Katastrophe. Es war alles sehr belastend und machte natürlich etwas mit mir bzw. mit uns. Ich kann jetzt sehr gut verstehen, dass Schlafentzug eine Foltermethode ist. Es ist so essenziell und wenn du keinen Schlaf bekommst, wirst du zum

Tier. Wir versuchten wirklich alles, aber dieses Kind wollte nicht schlafen und wenn es dann einschlief, war es nach einer Dreiviertelstunde wieder wach.

Irgendwann sprach ich mit unserem Kinderarzt darüber. Zum Glück hatte ich einen ganz großartigen und total entspannten Kinderarzt, der sich als genau der richtige in dem Moment erwies. Hätte ich doch schon früher mit ihm geredet. Er sagte nämlich zu mir: »Ja, Frau Söllner, das ist ein südländisches Kind, das geht nicht früher ins Bett, bringen Sie es einfach später ins Bett. Sie hat einfach einen anderen Rhythmus.« Zack, und auf einmal waren alle Regeln aus Ratgebern auf 0 gesetzt. Der Arzt hatte gesagt, bring sie später ins Bett und vor allem hatte er sogar noch eine Begründung dafür. Danke an der Stelle – einfach ein großes Danke!

Was haben wir also getan? Wir haben einfach den Ablauf umgestellt. Mein Mann und ich haben uns nach dem Abendessen ins Kinderzimmer auf den Boden gesetzt und haben dort miteinander gesprochen anstatt auf dem Sofa im Wohnzimmer.

Das Kind hat um uns herumgespielt, ganz entspannt und in aller Ruhe. Keinerlei Anzeichen von Müdigkeit, im Gegenteil, sie war quietschfidel und glücklich.

Wir dann übrigens auch.

Uns als Ehepaar hat das sehr viel geholfen. Weil wir endlich wieder besser und mehr geschlafen haben, aber vor allem redet man auf dem Boden im Kinderzimmer viel mehr und anders miteinander als auf dem Sofa. Wir sind alle zusammen so um zehn oder halb elf ins Bett und haben seelenruhig bis zum nächsten Morgen geschlafen. Es hat funktioniert. Unsere Tochter hat dann morgens länger geschlafen und wir waren viel entspannter. Als der Kindergarten begann, hat sich das auch eingependelt und es wurde am Abend wieder früher und sie stand dafür morgens früher auf. Aber was war passiert?

Die Gesellschaft hier in Deutschland gab vor, Kinder müssen spätestens um acht im Bett sein!

Da haben die Kinder in Italien noch nicht mal gegessen, die in Griechenland und Spanien übrigens auch nicht. Aber ich habe es einfach ohne darüber nachzudenken so gemacht, wie man es in Deutschland machen soll. Nicht eine Sekunde daran habe ich gezweifelt, dass diese Regel nicht in unsere Familie passt. Mein Gedanke war eher: Nein, wir passen nicht. Oder besser noch, das Kind passt nicht. Zwei Jahre lang haben wir uns gequält, weil ich die Regel nicht infrage gestellt habe. Na klar, solche Regeln treffen auf ganz viele Menschen zu und da funktionieren sie dann auch, aber was ist denn mit den Leuten, bei denen sie nicht funktionieren, was ist mit denen?

Ich kann euch noch so viele Beispiele nennen. Wenn man Antworten nur außen sucht und nur auf die ganzen Ratschläge und die ganzen Ratgeber hört, verliert man komplett den Bezug zu sich selbst und vor allen Dingen zu seinem Herzen.

Habt ihr euch schon mal gefragt, wie das die Menschen machen, die keine Bücher haben, die vielleicht keine Ratgeber lesen? Die einfach so reagieren, wie ihnen es ihr Innerstes sagt? Die auf sich und auf ihre innere Stimme hören, und zwar in jeder Situation? Mutter zu sein ist ja etwas ganz Natürliches, warum sollte mir dann die Natur genau an dieser Stelle keinen Radar geliefert haben? Warum sollte mich die Natur genau an dieser Stelle im Stich lassen und sagen: »Tja, Pech gehabt!«

Nein, wir haben tatsächlich verlernt auf unser Innerstes zu hören, weil wir einfach so viel von außen gesagt bekommen. Das betrifft ganz viele Situationen in unserem Leben.

Ich möchte euch gerne noch ein kinderloses Beispiel geben. Auch hier hat mal wieder die Gesellschaft mein Hirn gut programmiert – so gut, dass ich fast das Beste, was ich in meinem Leben als Chance bekommen habe, nicht hätte annehmen können.

DAS ALTER, DIE ZAHLEN UND DER GANZE REST

Ihr wisst ja schon, dass ich zehn Jahre in einer sehr unglücklichen, leidenschaftslosen und schmerzhaften Beziehung gelebt habe, aus der ich es leider nicht früher geschafft habe zu entkommen. Der Mann, mit dem ich zusammen war, kam aus Italien, war ähnlich alt wie ich und passte von außen betrachtet sehr gut zu mir. Er kam aus derselben Stadt wie ich, wir kannten teilweise die gleichen Leute und hatten sogar gemeinsame Freunde und Bekannte. Und da sagt man ja eigentlich »ja, passt«, kann man fürs Leben behalten. War aber nicht so – im Gegenteil, es war die absolute Hölle.

Im gleichen Alter zu sein, bedeutet nicht, dass man auch gleich weit im Leben ist. Manche Menschen sind so viel weiter und dennoch jünger, und auch andersherum. Aber mal wieder den Durchschnitt genommen und wie eine Gießkanne über alle verteilt: Mann ist älter, so zwischen zwei bis vier Jahren, dann ist alles perfekt.

Nun kam mein heutiger Ehemann ins Spiel. Dieser Mann ist einfach mal zehn Jahre jünger als ich und über 40 Zentimeter größer. Er wohnte damals über 150 Kilometer von mir entfernt, und außer Pizza und Pasta konnte er kein Wort Italienisch.

Um ehrlich zu sein, passte da von außen betrachtet also einfach so gar nix. Aber wirklich gar nix. Ich war aber so, so verliebt in diesen Mann, dass es mir schon fast im Herz weh tat, ich kannte dieses Gefühl gar nicht. Was mir aber noch viel mehr wehtat, war der Gedanke, dass ich einen Mann hatte, der mich zwar auch liebte, aber unsere Liebe keine Chance hatte. Denn sind wir mal ehrlich, zehn Jahre Unterschied, das kann nicht gut gehen, ich kenne niemanden, bei dem es gut gegangen ist. Stell dir mal vor, was die Leute sagen, wenn sie das erfahren. Meine

Freunde, meine Verwandten, meine Eltern und das Ganze nochmal auf seiner Seite – das kann niemals nie gut gehen. Denn das Fatale daran war ja, ich als Frau war zehn Jahre älter als er. Laut Gesellschaft muss der Mann älter sein. Auch wieder so eine interessante Regel, weil ja bekanntlich die Frau immer schon ein bisschen weiter ist und dann hebt sich das wieder auf und passt dann wieder und bla bla bla.

So und nun? Ich war verliebt bis über beide Ohren, aber hatte wahnsinnige Angst davor, dass es nicht klappen würde, dass ich zu alt für ihn wäre. Mein Kopf machte Purzelbäume von morgens bis abends. Ich kam gar nicht mehr zur Ruhe. Kennt ihr das, wenn ihr einen Gedanken habt, der gar nicht mehr aufhört und die ganze, ganze Zeit in deinem Kopf hin und her schwingt? Und dich irgendwann einfach so müde macht. Dabei ist Alter doch nur eine Zahl, es ist einfach nur eine Zahl, die in einem Dokument steht.

Wisst ihr, wenn ihr in eine andere Stadt zieht und Leuten einfach erzählt, dass ihr fünf Jahre jünger seid, wird nie jemand erfahren, wie alt ihr wirklich seid, außer in irgendeinem Amt. Oder habt ihr Freunde, die euch beim Kennenlernen erstmal nach dem Ausweis fragen? Das ist das Fatale. Es ist am Ende einfach nur eine Zahl, die in einem Dokument steht und die gar nichts aussagt, außer vielleicht, dass du zu einer bestimmen Zeit in Rente gehen kannst oder zur Schule oder volljährig bist und Auto fahren kannst und so weiter und so fort. Aber wir sind doch alle individuell, wir sind doch Menschen, wir haben Herzen, wir haben Verstand (im günstigsten Fall). Dann kannst du doch nicht davon ausgehen, dass jemand nicht zu dir passt, nur weil die Person ein paar Jahre älter oder jünger ist. Mich hat das so sehr getriggert, das könnt ich euch nicht vorstellen.

In meinem Kopf haben sich so viele Filme abgespielt, so viele Situationen, so viel Verrücktes, dass ich manchmal überhaupt nicht mehr klar denken konnte. Denn einerseits war ich so verliebt und so glücklich mit diesem Mann und andererseits dachte mein Kopf, das kann niemals gut gehen, er ist viel zu jung. »Tania, hör damit auf! Tania, bist du doof! Tania, warum machst du das!« Ich glaube, die Person, die am meisten damit haderte, war tatsächlich ich.

Ich machte mir so viele Gedanken, dass ich anfing, mir die Beziehung selbst schlecht zu reden. Ich traute mich nicht, irgendjemand davon zu erzählen. Ich erzählte natürlich von meinem neuen Partner. Ich erzählte davon, dass ich sehr glücklich war, ich erzählte endlich jemanden gefunden zu haben, der mir guttat, aber ich erzählte nie von meinen Struggles. Ich erzählte nie, dass er so viel jünger ist, ich erzählte das einfach nicht. Und sobald dieses Thema aufkam – auch zwischen uns – versuchte ich sofort es zu ignorieren und einfach nicht darüber zu sprechen. Ich erinnere mich an eine Situation, da sagte mein Mann zu mir: »Ich habe heute nachgedacht und mir ist aufgefallen, dass als du Kommunion hattest, ich noch gar nicht auf der Welt war.« Er lachte sich krumm dabei und ich, mir drehte sich der Magen um und ich fing sofort an zu weinen, ich war so verletzt und dachte: Okay, okay, okay, ich muss mich trennen, sofort trennen.

Wie konditioniert war ich denn da bloß? Gott sei Dank waren die Gefühle so stark, dass ich es nicht schaffte, über mein Herz hinweg zu entscheiden. Obwohl mein Verstand mich tagtäglich malträtierte und aufs fieseste tyrannisierte, war mein Herz so stark und die Liebe so tief, dass ich mich nicht trennte. Und ich bin mit diesem Mann mittlerweile über 15 Jahre zusammen, wir haben zwei Kinder und sind so glücklich und erfolgreich, wir haben sogar eine Firma zusammen und wie ihr seht, scheint es wohl doch ganz gut, um nicht zu sagen sogar sehr gut zu funktionieren.

Obwohl ich gesellschaftlich gesehen zu alt für ihn bin, unsere Familien zu weit weg voneinander wohnen, und wir kulturell so gar nicht beieinander liegen. Aber unsere Liebe und unser Respekt füreinander wissen das einfach nicht und deshalb lieben wir uns einfach. Und diesen Seelenpartner, den ich kennenlernen und der zum Glück ein fester Teil meines Lebens werden durfte, ist mit Abstand das Beste, was mir passieren konnte. Jeden Abend, wenn ich ins Bett gehe, danke ich dem Universum dafür, dass es diesen Menschen in meinem Leben gibt. Und ich wollte mich von ihm trennen wegen einer verdammten scheiß Zahl. Zieh dir das mal rein.

Um ehrlich zu sein, kann ich euch so viele Beispiele nennen, bei denen ich so sehr hadere oder mitbekomme, dass jemand in meinem Umfeld so sehr strauchelt.

Der Grund dafür ist immer, dass von außen immer gesagt und suggeriert wird: Halte dich an die Regeln, halte dich an die Empfehlungen, mach das, was man dir sagt und vor allen Dingen, fang bitte nicht an für dich selbst einzustehen oder gar für dich zu denken. Wenn das doch andere schon für dich machen, musst du es nicht auch noch selbst tun.

Ich möchte hier einmal etwas klarstellen, damit das auch Menschen, die bis hierher gelesen haben und sagen »Was, aber mir geht das gar nicht so«, verstehen.

Mir ist schon klar, dass es in einer Gesellschaft Regeln geben muss, an die man sich halten darf, und mir ist auch klar, dass es immer einen Durchschnitt gibt.

Mir ist ebenso bewusst, dass es viele Menschen gibt, die glücklich und zufrieden mit diesen Regeln leben und bis zu ihrem Lebensende nichts hinterfragen. Und ich freue mich für alle Menschen, die wirklich glücklich und mit tiefster Zufriedenheit auf ihrem Sterbebett liegen und sagen: »Krass, das war mal so ein richtig geiles Leben«. Wirklich, und das meine ich aus tiefstem Herzen, für diese Menschen freue ich mich sehr, und um ehrlich zu sein, weiß ich nicht, ob dieses Buch für diese Menschen tatsächlich geeignet ist. Vielleicht schon, um einfach mal die andere Perspektive zu sehen. Aber eigentlich geht der Appell dieses Buches, dieses Ganze *sich öffnen* vor allem an die Menschen, die nicht glücklich sind. Oder nur so tun, als ob sie glücklich wären. Die so Sachen sagen wie: «Naja, man muss ja zufrieden sein.«

Das muss man eben nicht. Du musst nicht mit dem zufrieden sein, was dir geliefert wird, wenn es dir damit nicht gut geht.

Du bist der Schöpfer deines Lebens!

Du bist für dein Leben verantwortlich!

Und das bedeutet im Umkehrschluss immer, dass du es dir so gestalten darfst, wie du möchtest und nicht nur so, wie es dir vorgelebt wird.

Aber zu dem kommen wir noch, momentan sind wir noch in der Analysephase. Man könnte denken, ich habe ja wirklich Struktur, aber macht euch keine Sorgen, das sieht nur so aus oder fühlt sich nur so an.

In Wirklichkeit sitze ich hier am Schreibtisch, mittlerweile im Wohnzimmer, und habe nur ganz leicht Panik, weil natürlich die Zeit rast und der Abgabetermin dieses Buches immer näher rückt. Gehört ihr zu der Spezies Mensch, die unter Druck besser arbeiten kann? Oder seid ihr eher die, die alles planen und strukturiert, langsam, geordnet und gesittet und in einem vernünftigen zeitlichen Rahmen ihre Aufgaben machen? Ratet mal, zu welcher Spezies ich gehöre. Ja, genau, zu der Gruppe, die immer alles auf den letzten Drücker macht und dann ganz viele Nachtschichten einlegen muss. Manche nennen es künstlerische Arbeit, aber um ehrlich zu sein, glaube ich, es liegt einfach in der Natur mancher Menschen, so zu sein und alles immer so lange hinauszuschieben, bis der Druck so hoch ist, dass man glaubt, jetzt könnte es fatal werden.

Irgendjemand hat mal dazu gesagt – Diamanten entstehen auch nur unter sehr hohem Druck – also entspann dich. Okay, das kann ich. Entspannen ist eine meiner leichtesten Übungen. Nur leider schreibt sich so ein Buch halt nicht von allein.

Okay, jetzt haben wir uns einige Beispiele angeschaut, wenn du magst, kannst du jetzt an dieser Stelle selbst überlegen.

- Was läuft denn bei dir anders, als du dir vorgestellt hast?
- Und du traust dich nicht, es zu ändern?
- Oder du traust dich nicht, offen und ehrlich zu sagen, was nicht so perfekt läuft, weil man das eben nicht macht?

Fazit

Nur weil jemand anderes sagt, dies oder das geht nicht oder man macht es nicht, ist es kein Gesetz oder eine unumstößliche Regel. Du bestimmst dein Leben und machst deine Regeln, lass dir nicht sagen, wie du dein Leben zu leben hast. Du bist der Schöpfer deiner Regeln und deines Lebens.

Hier mal ein kleiner Exkurs dazu, warum wir uns überhaupt an Normen halten, wo das herkommt und was es mit uns macht. Es gibt verschiedene Gründe dafür, und vor allem kannst du nicht alles über einen Kamm scheren. Du kannst nicht sagen, alles ist schlecht oder gut. Nein. Du darfst selbst für dich testen, was gut für dich ist und was nicht. Das nennt man Verantwortung übernehmen. Das ist der Beginn einer Liebesgeschichte. Und zwar der Liebesgeschichte zwischen DIR und DIR.

Weißt du, warum sich die meisten Menschen so artig an gesellschaftliche Normen halten? Weil sie Angst haben. Angst, nicht dazuzugehören. Angst, doof angeschaut zu werden. Angst, dass jemand tuschelt: »Hast du gesehen, was die gemacht hat?!« Also machen sie brav mit. Ziehen die richtige Hose an. Sagen das richtige Wort. Machen zur richtigen Zeit »Ommm« – selbst wenn es ihnen innerlich den Magen umdreht. Aber das ist nicht alles. Es gibt gleich mehrere Gründe, warum Menschen diese unsichtbaren Regeln befolgen, auch wenn sie sich dabei manchmal selbst verraten:

1. Wir wollen dazugehören, wie Herdentiere auf zwei Beinen

Der Mensch ist ein soziales Wesen. Zugehörigkeit fühlt sich an wie ein warmes Bad. Alleinsein? Wie eine kalte Dusche im November. Also machen viele lieber das, was alle machen. Denn wer sich anpasst, wird akzeptiert. Und wer aneckt, wird ausgegrenzt. »Wer nicht spurt, wird nicht umarmt« – scheint das inoffizielle Motto vieler Menschen zu sein.

2. Die Angst vor Ärger

Normen sind oft wie unsichtbare Zäune – du siehst sie nicht, aber wehe, du steigst drüber. Dann gibt's Stress. Ablehnung. Augendrehen. Vielleicht sogar echte Strafen, je nachdem, wo du gerade rebellierst. Also: lieber leise sein, lieber lächeln, lieber »Danke« sagen, auch wenn du innerlich »Leck mich« meinst.

3. Alte Gewohnheit – wir wurden alle brav erzogen

Viele Normen sind keine eigenen Entscheidungen, sondern Programmierungen aus der Kindheit. Uns wurde eingetrichtert, was sich »gehört«. Was man tut. Was man lässt. »Sei höflich, nicht so laut, nicht so wild«. Irgendwann klingt diese Stimme wie die eigene – dabei ist sie nur ein Echo von Mama, dem Lehrer oder irgendeiner Instagram-Lifestyle-Tante mit Filter auf der Seele.

4. Ordnung muss sein – sagt der innere Buchhalter

Normen geben Struktur. Klar. Sie machen das Leben berechenbar. Und das ist manchmal auch gut! Wenn alle beim Autofahren rechts fahren, krachen wir nicht ständig ineinander. Wenn du »Hallo« sagst, weiß der andere, dass du ihn nicht gleich überfallen willst. Diese Art von Regeln ist okay. Sie sorgt dafür, dass die Welt nicht brennt. Aber sie ist nicht das Gefängnis deiner Persönlichkeit.

5. Ich tu das, weil ich's richtig finde – oder doch nicht?

Manche Menschen halten sich an Normen, weil sie sie *wirklich* sinnvoll finden. Weil sie ehrlich sein *wollen*. Weil sie niemanden verletzen *möchten*. Das ist stark – wenn's wirklich von Herzen kommt. Schwierig wird's, wenn man denkt, etwas wäre die eigene Überzeugung, obwohl es nur jahrelanges Training im »brav sein« ist.

Erkenne die Norm. Hinterfrag sie. Entscheide dann ganz bewusst: Folge ich ihr – oder nicht? Weil: Normen sind nicht per se schlecht. Aber sie sind auch nicht automatisch richtig. Sie sind wie Kleidung: Manche passen dir, manche kratzen, manche engen dich ein und manche sind einfach SCHEISSE! Und die Norm, die dich nicht fliegen lässt, die kannst du freundlich, aber bestimmt zurückgeben. Ohne Erklärung. Ohne Schuldgefühl. Ohne schlechtes Gewissen. Denn echte Freiheit beginnt nicht da, wo du keine Regeln mehr hast. Sondern da, wo du selbst wählst, welchen du folgen willst und welche dir guttun. Ich finde es wichtig, ab und zu zu verstehen, wo das alles herkommt. Warum wir so sind, wie wir sind, und warum wir manche Sachen so tun, wie wir sie tun. Daher ja auch die Frage: Woher kommen denn die Normen und Regeln überhaupt?

Regeln und gesellschaftliche Normen sind keine Naturgesetze. Die hat sich nicht das Universum ausgedacht, sondern wir, Menschen. Irgendwann. Irgendwo. Meistens, um das Zusammenleben irgendwie auf die Reihe zu kriegen. Denn stell dir mal vor, ein ganzer Haufen Menschen lebt zusammen – in Höhlen, Hütten oder Hochhäusern, ganz egal – und jeder macht einfach, was er will. Chaos pur. Da kommt schnell jemand auf die Idee: *»Hey, lasst uns ein paar Spielregeln festlegen!«* So entstehen Normen. Aber Achtung: Nicht jede Regel ist automatisch sinnvoll oder fair. Manche wurden gemacht, um bestimmte Gruppen zu schützen – und andere klein zu halten. Manche stammen aus einer Zeit, in der man dachte, die Erde wäre flach und Frauen gehörten an den Herd. Und trotzdem schleppen wir sie heute noch mit uns rum, als wären sie in Stein gemeißelt.

Gehen wir einmal zurück in die Menschheitsgeschichte. Überleben war Teamwork. In kleinen Urzeit-Gruppen musste man sich aufeinander verlassen. Wer sich zu sehr daneben benahm – alle Beeren allein fraß oder ständig Drama machte – wurde rausgeschmissen. Deshalb entstanden erste soziale Regeln: teilen, zuhören, nicht ständig die Gruppe gefährden. Ganz basic. Dann kam die Zivilisation – und mit ihr die Ordnung (und Kontrolle). Mit Dörfern, Städten, Religionen und Staaten kamen komplexere Regeln. Wer macht was, wann, wie – und wer darf bestimmen? Normen wurden zur Machtfrage. »So benehmen sich anständige Leute« hieß oft: »So wie wir – und nicht wie die da drüben.« Religion, Politik, Moral – alle mischen mit. Ob Gott, König oder Gesetzbuch: Viele Normen wurden mit einem höheren Zweck verkauft. »So will es Gott. »Oder: »So bleibt die Gesellschaft sta-

Fazit: Normen sind gemacht – also dürfen sie auch verändert werden.

Regeln sind keine Wahrheiten. Sie sind Vereinbarungen. Und jede Gesellschaft kann sie ändern, wenn sie mutig genug ist. Was früher »normal« war, wirkt heute oft wie ein schlechter Witz. Und was heute noch »normal« ist, darf morgen gerne auf dem Komposthaufen der Geschichte landen.

Du darfst fragen: »Wer hat sich das eigentlich ausgedacht – und wessen Spiel spiele ich hier gerade?«

Denn am Ende gilt: Nur weil alle still sind, musst du nicht flüstern. Und nur weil eine Regel alt ist, heißt das nicht, dass sie gut ist.

bil.« In Wahrheit ging es aber oft einfach um Machterhalt. Und heute? Ist es manchmal immer noch so – nur besser verpackt. Als »Etikette«, »Corporate Culture« oder »gute Manieren« oder eben »Das macht man halt so«.

Und verstehe mich bitte nicht falsch. Es geht hier nicht darum, dich zum Rebellen zu machen oder dich gegen alles und jeden aufzustacheln. Nein, aber mir geht es darum, dass wir endlich anfangen, Verantwortung für unser Leben und unser eigenes Glück zu übernehmen, denn niemand anderes ist für uns verantwortlich. Die Verantwortung für unser Leben haben ausschließlich wir selbst. Die einzige Ausnahme ist, wenn du ein Kind bist, dann sind deine Eltern für dich verantwortlich.

Okay, jetzt haben wir verstanden, woher die Regeln kommen, was sie sind und mit praktischen Beispielen erkannt, was das mit unserem Leben macht.

Wir haben uns auch darüber lustig gemacht und haben erkannt: Wie wir das bisher gemacht haben, ist vielleicht nicht unbedingt förderlich dafür, glücklich durchs Leben zu gehen.

Aber lass uns mal ganz genau überlegen: Was machen denn diese Normen und diese Regeln mit uns? Was passiert in unseren Köpfen und in unseren Herzen und warum ist es so wichtig, genau das zu hinterfragen? Hinterfragen ist generell immer wichtig, und zwar nicht nur bei den anderen, sondern auch bei einem selbst.

Nur, weil du in deiner Kindheit, in deiner Jugend oder vor zwei Jahren eine Regel für dich aufgestellt hast, heißt das nicht, dass die dann ein ganzes Leben lang gelten muss. Es ist auch keine Niederlage, wenn man etwas verändert. Im Gegenteil, ich persönlich glaube, dass es sogar immer ein Fortschritt ist, wenn man Regeln oder Verhaltensweisen anpasst.

Du veränderst dich, dein Umfeld verändert sich, dein Handeln verändert sich, dein Mindset verändert sich, warum sollte sich dann das Drumherum nicht verändern? Warum muss denn eine

Regel hundert Jahre bestehen? Und warum fangen wir nicht einfach an, Dinge zu hinterfragen? Und vor allem, wenn es nicht passt, warum ändern wir es dann nicht, warum haben wir so große Angst vor Veränderungen?

Ich habe da ein ganz krasses Thema, das mir gerade bei meinen Seminaren oder anderen Coaching-Gesprächen immer und immer und immer wieder auffällt. Ich glaube, das ist so ein ganz spezielles Thema für Deutschland. Ich bin sehr dankbar und sehr froh, hier in diesem Land geboren worden zu sein und ich liebe es hier zu sein und ich werde, solange ich mich hier sicher fühle, auch hierbleiben. Ich habe aber gerade in den letzten Jahren festgestellt, dass es Verhaltensweisen, Muster und Regeln gibt, die ganz klassisch deutsch sind. Ganz vieles davon finde ich großartig und bin sehr dankbar dafür. Aber es gibt auch ganz vieles, was uns unser Leben so sehr erschwert und was wir wie einen alten schwarzen, schweren Teppich hinter uns herziehen. »Gehört halt dazu«. Und genau das ist es: Das gehört halt nicht dazu. Man darf es ablegen und man darf mit so viel mehr Leichtigkeit durch dieses Leben gehen. Also kommen wir zurück zu diesem Beispiel, was so ganz typisch deutsch ist.

Mir wird immer wieder gesagt: »Tania, ich bin so unglücklich in meinem Job. Ich mag meinen Beruf nicht. Ich gehe mit Bauchschmerzen zur Arbeit und komme mit Bauchschmerzen nach Hause, und freue mich jedes Mal, wenn endlich Freitag 17 Uhr ist.« Und das ist kein Einzelfall, mindestens fünfzig Prozent der Menschen erzählen mir solche oder ähnliche Geschichten. Und dann ist es im Grunde immer der gleiche Ablauf der Gespräche – ich frage nach: »Warum gehst du denn da noch hin? Beziehungsweise wie lange bist du denn schon dort?« Auch die Antwort ist fast immer die gleiche: Es sind viele Jahre, meistens viel zu viele Jahre, die diese Menschen bei dieser schrecklichen Arbeit verbringen. Sie gehen dahin, na ja, weil man das ja muss. Man muss ja Geld verdienen. Darin stimme ich euch voll und ganz zu, Geld verdienen sollte man wirklich, weil es einfach das Leben erleichtert. Und viel Geld zu verdienen, ist noch viel besser. Ich weiß, auch darüber spricht man in Deutschland nicht, und das ist auch in Ordnung so, aber ich für meinen Teil habe mich entschlossen, viel Geld zu verdienen, damit die anderen Sachen leichter sind.

Triggert dich dieser Satz gerade? Wenn ja, frag dich mal warum. Auch das ist eine Regel, dass man nicht über Geld spricht und schon gar nicht als Frau. Denn Frauen haben ja gefälligst genügsam, sittsam und rein zu sein und nicht über Geld zu sprechen und schon gar nicht über viel Geld.

Aber kommen wir zurück zu diesen vielen Personen, die sich jeden Tag auf die Arbeit schleppen und so froh sind, wenn Freitag ist. Mal ganz ehrlich, warum macht ihr das? Wenn ich dann frage: »Okay, du bist nicht glücklich auf der Arbeit. Warum änderst du das nicht?« Dann kommt immer die gleiche Frage beziehungsweise Antwort. »Was ist denn, wenn dann der nächste Job schlechter ist?« Und dann stelle ich immer die gleiche Gegenfrage: »Was ist denn, wenn der nächste Job besser ist?«

Die Wahrscheinlichkeit liegt bei 50:50. Das ist immer so, das ist Mathematik.

Das habe ich nicht erfunden.

Stell dir mal vor, du findest einen Job, der dir Spaß macht, zu dem du gerne gehst. Stell dir mal vor, du freust dich sogar am Montagmorgen zu deinem neuen Job zu gehen und mit großartigen Menschen etwas zu tun, was dir richtig Spaß macht. Oder sagen wir mal so, du gehst zu einem Job, der dir keine Bauchschmerzen macht, denn das ist ja auch schon eine Steigerung.

Es geht ja nicht nur darum, dass du keinen Spaß hast, sondern dass es dir richtig schlecht geht. Warum hältst du sowas aus? Wenn ich dann weiter frage: »Hast du dich denn überhaupt schon mal woanders beworben?« Dann kommt auch immer die gleiche Antwort. »Nein, das trau ich mich nicht.«

Faszinierend, wie sehr man doch sein eigenes Glück blockieren kann. Natürlich bedeutet Veränderung Arbeit und natürlich kann das eine oder andere Gespräch etwas unangenehm sein, aber wenn danach der Zustand langfristig besser wird, lohnt sich das doch. Aber das würde ja bedeuten, dass du hinterfragst. Es würde bedeuten, dass du etwas, was du schon jahrelang machst, aufgibst, und etwas Neues beginnst.

Du aber gehst den Weg nicht, aus Angst vor Veränderungen und aus Angst davor, dass es schlimmer werden könnte.

Und nun fragst du dich wirklich, warum wir uns an Normen und gesellschaftliche Regeln halten? Wenn wir es nicht mal schaffen, unser eigenes Leben zu verändern, damit wir selbst glücklich werden?

Aber wenn du glücklich bist bei dem, was du tust, dann ist alles wundervoll. Denn ich kann dir sagen, du verbringst die meiste Zeit deines Lebens bei der Arbeit. Und nochmal: Das ist dein Leben, das jetzt stattfindet. Du hast da keine zweite Chance, es kommt nicht noch mal.

Na ja gut, dann probiere ich es mal auf eine andere Art. Das ist deine Lebenszeit, die jetzt genau in diesem Augenblick, wo du dieses Buch liest, stattfindet. Aber ich freue mich, dass du dieses Buch gerade liest, denn irgendetwas in dir drinnen scheint ja doch zu rufen: Warum schickst du denn nicht wenigstens mal eine Bewerbung los und schaust was kommt? Was soll denn passieren? Im schlimmsten Fall bekommst du eine Absage, wenn es gut läuft, bekommst du einen Anruf und dann ein Vorstellungsgespräch und lernst vielleicht einfach mal andere Menschen – eine andere Firma – einen anderen Standort kennen. Du kannst dann immer noch selbst entscheiden, ob du da was machen möchtest oder nicht. Denn du bist verantwortlich für dein Leben und niemand anderes.

Aber du gibst deinem Leben und deinem Glücklichsein ja nicht einmal die Chance. Nein, du gehst lieber jeden Morgen brav mit Bauchschmerzen zur Arbeit und freust dich am Freitag um 17:00 Uhr, dass du dich das Wochenende über von deinem Scheißjob erholen kannst. Merkst du selbst, oder?

Aber dafür gehst du halt zweimal die Woche zum Yoga und einmal zum Breath Work und dann ist ja alles wieder gut. Nein, eben nicht!

Das ist der Grund, warum ich dieses Buch schreibe, weil wir immer und immer wieder alles im Außen suchen, und wir versuchen, uns mit irgendwelchen Kursen, Übungen oder Sonstiges zu heilen. Aber das Grundsätzliche, nämlich zum Beispiel die Arbeit oder unser Mindset zu überdenken, das gehen wir gar nicht an, weil wir – ich weiß es nicht, was sind wir denn? Zu faul? Zu konditioniert? Zu ängstlich? Oder was hält uns davon ab, uns zu verändern und uns zu öffnen?

Dieser Satz: Es bleibt alles genauso wie es ist!

Der ist einerseits sehr lustig, aber wirklich sehr traurig, weil wir uns einfach so viel verbauen und auch das Schöne nicht in unser Leben lassen. Lasst uns mal schauen, woran es liegt, dass wir uns nicht verändern wollen. Es gibt verschiedene Ansätze, woher das kommt.

Veränderung klingt in der Theorie immer sexy. *»Neuanfang«*, *»Wachstum«*, *»Transformation«* – das sind die Wörter, mit denen sich Coaches, Yoga-Gurus und halb Instagram brüsten. Aber in der Praxis? Schauen viele lieber zehn Staffeln einer Netflix-Serie, bevor sie einen einzigen mutigen Schritt machen.

Warum?

1. Sicherheit ist bequemer als Freiheit

Das Gehirn liebt Gewohnheiten. Was es kennt, fühlt sich sicher an – auch wenn es mies ist. Lieber das bekannte Unglück als das unbekannte Glück. Veränderung bedeutet Unsicherheit. Risiko. Kontrollverlust. Und das hasst dein Hirn wie Möchtegern-Gurus echtes Schweigen.

2. Das Ego klammert sich an seine Geschichte

Viele Menschen haben sich ihre Identität aufgebaut wie ein gut dekoriertes Wohnzimmer: bequem, vertraut, hübsch. Wenn du dich veränderst, bedeutet das, dass du Möbel verrücken musst. Vielleicht sogar rauswerfen. Und das Ego denkt: »Was bin ich dann noch, wenn ich nicht mehr bin, wer ich immer war?« Veränderung fühlt sich für das Ego an wie ein kleiner Tod. Und davor haben viele schlichtweg Schiss.

3. Angst vorm Scheitern (und davor, dass andere zuschauen)

Was, wenn ich es probiere – und es funktioniert nicht? Dann lachen alle. Dann war alles umsonst. Dann bin ich peinlich. Viele machen nicht den ersten Schritt, weil sie schon am Ende scheitern – im Kopf. Und bevor sie sich »blamieren«, bleiben sie lieber stehen. Lieber still und mittelmäßig als sichtbar und mutig. Wer nie fällt, ist vermutlich auch nie gesprungen.

4. Veränderung ist Arbeit – und zwar innere

Kein Detox-Tee, kein Visionboard, kein Retreat kann dir abnehmen, was echte Veränderung braucht: Ehrliche Innenschau. Alte Muster erkennen. Verantwortung übernehmen. Und ja: Das ist unbequem. Es kratzt am Selbstbild. Es stellt dich in Frage. Kein Wunder, dass viele lieber so tun, als wäre das Leben eben einfach »so«. Spoiler: ist es nicht.

5. Gesellschaftliche Bremser – der Veränderungskiller von außen

Wenn du dich veränderst, hältst du anderen den Spiegel vor. Und das macht dich schnell unbequem. »Wie, du kündigst einfach deinen Job? Wie, du willst keine Kinder? Wie, du bist plötzlich glücklich OHNE Yoga?« Veränderung macht andere nervös, weil sie sie dazu zwingt, ihre eigenen Entscheidungen zu hinterfragen. Also bekommst du Widerstand. Von Freunden. Familie.

Kollegen. Nicht, weil du falsch bist – sondern, weil du ihre Welt wackeln lässt.

Fazit

Veränderung ist unbequem – aber Wachstum gibt es nicht im Kuschelmodus. Menschen verändern sich nicht, weil sie gelernt haben: So wie ich bin, ist's sicher – auch wenn's nicht echt ist. Aber die Wahrheit ist: Wirklich DU wirst du erst, wenn du dich traust, dich selbst neu zu erfinden.
Du darfst alles hinterfragen. Alte Rollen. Alte Routinen. Alte Glaubenssätze.
Denn vielleicht ist das, was du »Ich« nennst, eine veraltete Version.
Zeit für ein Update.

Wir haben große Angst vor Veränderung und dem Hinterfragen und dabei ist genau das die Lösung. Die Lösung ist, sich neu zu finden und in das Innere zu gehen. In dein Inneres zu gehen, weil alles, was du brauchst, schon lange da ist.

Du hast es nur vergessen und verlernt, es zu hören, weil dein Verstand so vieles draufgepackt hat. Und selbst wenn sich zwischendrin das Herz meldet und sagt: »Huhu, du wolltest doch mal!«, kommt sofort der Verstand, der sich drauflegt und sagt: »So ein Nonsens, das braucht kein Mensch. Hör auf damit und mach weiter wie bisher.«

Aber ich bin davon überzeugt, dass es an der Zeit ist, sich zu erinnern und zu erwachen. Denn das Leben ist im Hier und Jetzt und wenn du das mal erkannt hast und merkst, wie schön es ist und sein kann, zu leben und zu atmen, dann willst du gar nicht mehr zurück. Das bedeutet nicht, dass alles von allein geht und du nie mehr Schwierigkeiten haben wirst, oder dass du dir nie mehr Gedanken über irgendetwas machst.

Nein, gar nicht. Aber deine Herangehensweise ist eine andere, wenn du erkennst, was es bedeutet zu leben und wofür und warum du etwas machst oder nicht machst.

Ganz wichtig ist, egal, was du machst und egal, wann du es machst, du machst es immer und ausschließlich für dich.

In deinem Tempo! In deiner Intensität! Und in deinem Rhythmus! Aber und vor allen Dingen niemals nie im Vergleich zu irgend jemand anderem.

Irgendwo zwischen erwachsen werden und erwachsen sein haben wir unser Herz liegen lassen. Und es ist jetzt an der Zeit, es wieder aufzuheben, es wieder zu spüren und vor allen Dingen wieder auf das Herz und den Bauch zu hören. Denn diese beiden sagen dir immer das Richtige und auch, wo es lang geht. Auch wenn es unbequem ist und es bedeutet, dass eine oder andere zu ändern und sich dem zu stellen, ist es danach das allerbeste Gefühl, das es gibt.

Trau dich! Ich verspreche dir hoch und heilig, es wird wundervoll.

DIE SACHE MIT DEM GLÜCK

Wir alle suchen nach Glück, nach Frieden, aber hast du dich wirklich schon einmal gefragt, was Glück wirklich ist? Was es bedeutet, glücklich zu sein?

Vor vielen vielen Jahren, ich glaube es war 2004, habe ich die Abschlussarbeit meines Studiums zum Thema Glück geschrieben. Genauer gesagt hieß die Arbeit damals:

»Pass auf, was Du denkst!«

Schon vor 21 Jahren habe ich mir also zum diesem Thema Gedanken gemacht, aber es war wohl noch nicht die richtige Zeit. Ich habe damals schon angefangen, mich mit all dem zu beschäftigen. Wie ihr wisst, auch weil Iris damals in mein Leben trat und mir gezeigt hatte, dass es eben noch so viel anderes zwischen Himmel und Erde gibt, was sich nicht erklären lässt. Das habe ich damals zum Thema meiner Arbeit gemacht und habe mich sehr intensiv mit Glück und meinen Gedanken beschäftigt. Ich bin los und habe verschiedene Menschen gefragt, was Glück bedeutet.

Und am Ende war es egal, wen ich gefragt habe. Es haben alle das Gleiche gesagt.

Ob Philosoph, Psychologe, Physiker, Wissenschaftler oder wen auch immer ich gefragt habe: Glück und Friede kann nur der empfinden, wer auch glauben kann. Hierbei ist nicht der Glauben an sich oder ein religiöser Glaube gemeint. Nein, hier geht es darum, dass du die Fähigkeit besitzt zu glauben. Glauben bedeutet im Umkehrschluss immer, etwas nicht wissen. Und etwas nicht zu wissen und dennoch daran zu glauben bedeutet, dass ich vertrauen kann. Und genau das ist es – Vertrauen!

Wenn du die Fähigkeit besitzt, in dich und das Leben zu vertrauen und daran zu glauben, dann besitzt du auch die Fähigkeit, wirkliches und wahres Glück zu empfinden. Und ich bin davon überzeugt, dass genau das der Sinn des Lebens ist: sich selbst glücklich zu machen. Denn wenn du dich selbst glücklich machst, dann hast du die Energie, andere Menschen auch glücklich zu machen.

Und jetzt verrate ich dir ein großes Geheimnis: Dieses Glück und diesen Frieden, den findest du nicht draußen oder wie man so schön sagt im Außen, sondern den findest du nur und ausschließlich in dir drinnen. Genau in dem Augenblick, wenn du wieder anfängst, auf dich zu hören, an dich zu glauben, dich zu spüren, dich zu fühlen und vor allen Dingen dich ernst zu nehmen, in dem Moment beginnt das Glück zu sprießen.

Dann wenn du erkennst, wie wertvoll, einzigartig und wunderschön du bist, wenn du erkennst, was für ein großartiger Mensch du bist, dann fängst du an zu strahlen und mit jedem Strahlen wird dein Glück größer und größer und du kannst so viele Menschen damit anstecken und ihnen zeigen, wie es geht.

Ja, super, großartige Erkenntnis, und wo ist der Haken an der Sache? Das kann ich dir sagen. Der Haken ist, dass du das alles selbst machen musst! Schritt für Schritt – Weg für Weg – Strecke um Strecke. Du bist dafür verantwortlich dafür, dass das Glück in dein Herz einziehen kann. Das ist dein Job. Aber ich kann ich dir versprechen, wenn du mal losgelaufen bist und erkannt hast, wie süß sich das anfühlt, wie frei es dich macht und wie leicht es dich fühlen lässt, dann willst und kannst du auch nicht mehr zurück. Wenn du einmal erkannt hast, wie wertvoll du bist, dann kann dein Leben endlich beginnen.

Denn auch wenn viele andere Menschen es einfach verpasst haben, dir zu sagen, dass du einzigartig, wunderschön, besonders und genug bist, dann ist das schon lange kein Grund, es sich nicht selbst immer wieder zu sagen.

Zum einen für dich, aber zum anderen auch für alle andern, die es von dir lernen können und denen du es dann sagen kannst. Denn dafür sind wir da, um diese Welt ein Stückchen besser zu machen und wie alles beginnt das immer bei einem selbst.

Lass uns mal Glück und Glauben zusammenfassen. Im ersten Moment denkst du vielleicht, was hat das denn miteinander zu tun? Aber bei genauem Hinschauen siehst du, dass das genau der Grundstein für ein wirklich friedvolles und glückliches Leben ist.

Glück und Glaube – was die zwei miteinander zu tun haben (Spoiler: mehr als du denkst)

Glauben und glücklich sein sind vielleicht zwei verschiedene Sprachen – aber sie reden oft vom gleichen Gefühl: dem Wunsch, dass das Leben Sinn macht. Dass da etwas Größeres ist. Dass wir nicht allein strampeln, sondern eingebunden sind in etwas, das trägt.

1. Beide brauchen Vertrauen

Glück passiert nicht, wenn du alles unter Kontrolle hast. Glück passiert, wenn du *loslässt*. Genau wie beim Glauben. Egal, ob du an Gott glaubst, ans Universum, an deine Intuition oder an dich selbst: Glaube heißt, *nicht alles zu wissen, aber trotzdem Ja zu sagen.*

→ Gemeinsamer Nenner: Vertrauen in das Leben.

2. Beide schenken Halt – besonders, wenn's wackelt

Menschen, die glauben, egal, in welcher Form, haben oft **mehr innere Stabilität**. Studien zeigen: Sie kommen besser durch Krisen, erleben mehr Hoffnung, mehr Sinn. Glück ist nicht: »Mir geht's immer gut.« Glück ist oft: »Ich weiß, wofür ich das alles mache – selbst wenn's gerade wehtut.«

→ Gemeinsamer Nenner: Sinn macht stark.

3. Beide richten den Blick nach innen

Wahrer Glaube hat nichts mit Kirchenmauern zu tun, sondern mit innerer Haltung. Genauso wie echtes Glück nicht laut schreit, sondern oft ganz leise ist. Beide sagen dir nicht: »Hol dir noch mehr von außen«, sondern: »Schau nach innen – da ist alles, was du brauchst.«

→ Gemeinsamer Nenner: Der Weg führt nach innen, nicht nach außen.

4. Beide verbinden – mit dir, mit anderen, mit dem Leben

Sowohl Glück als auch Glaube leben von Verbindung. Wer sich verbunden fühlt – mit einem größeren Ganzen, mit anderen Menschen, mit sich selbst – erlebt mehr Glück.

Glaube gibt oft genau dieses Gefühl: *Ich bin Teil von etwas.* Und das ist ein tiefes, ruhiges Glück. Kein Hype, kein Kick – sondern: *Ich bin okay. Es ist okay.*
→ Gemeinsamer Nenner: Wir sind nicht allein.

Fazit

Glaube und Glück sind wie zwei verschiedene Wege – aber sie führen zur gleichen Tür: Frieden. Vertrauen. Sinn. Verbundenheit. Manche nennen die Spiritualität. Andere nennen es »bei sich ankommen«.
Egal wie: Glücklich ist nicht, wer alles hat, sondern wer tief glaubt, und sich angekommen fühlt.

Nun sind wir ja immer noch auf dem Teppich und fliegen über mein Leben und andere Leben hinweg und ich habe dir aus der Vergangenheit so einiges Persönliches, aber auch Allgemeines erzählt. Es ist so spannend zu sehen, wie Menschen sind, und dann zu verstehen, warum Sachen so sind, wie sie sind. Von hier oben ist es ziemlich entspannt, das zu beobachten und vor allen Dingen, ist es entspannt, weil es mich ja im Moment nicht betrifft und ich so schön im Allgemeinen sprechen darf. Aber glaube mir, ich bin schon durch einige Tiefen durch. Manchmal war es einfacher als gedacht und manchmal war es so schlimm, dass ich es fast nicht aushalten konnte. Und es gibt eine Geschichte, die zweite, die mein Leben bestimmte, die ich euch an dieser Stelle unbedingt erzählen möchte, weil sie mein komplettes Leben umgekrempelt hat und mich zu diesem Menschen gemacht hat, der ich heute bin.

DIE GESCHICHTE, DIE ALLES VERÄNDERTE

2009 Ende September in Offenburg, um ganz genau zu sein, im Büro bei der Arbeit. Ich sitze an meinem Schreibtisch, eine E-Mail kommt rein und in genau diesem Moment denke ich, das kann doch nicht wahr sein! Aber um alles zu verstehen, müssen wir ein bisschen zurück in der Geschichte.

Ich arbeite im Angestelltenverhältnis als Trainerin und Qualitätsbeauftragte in einem Call Center und bin für einen sehr großen Dienstleister standortübergreifend verantwortlich. Man könnte sagen, ich bin erfolgreich und ich mache meinen Job gerne und gut und verdiene den Umständen entsprechend auch genügend, um mich und meinen damaligen Freund gut über Wasser zu halten. Privat läuft es aber gar nicht gut. Auch wenn ich wirklich selten darüber spreche, bin ich tieftraurig. Meine Beziehung ist ein absolutes Desaster. Mein Freund war damals drogenabhängig und hatte eine Psychose, Wahnvorstellungen und war nicht in der Lage, am normalen Leben teilzunehmen. Mittlerweile war ich mit diesem Mann schon zehn Jahre zusammen.

Zehn Jahre meines jungen Lebens. Ich war zu der Zeit 33 Jahre alt und war von meinem 23. Lebensjahr bis zu dem Augenblick mit ihm zusammen und hatte ihn niemals betrogen oder hintergangen. Aufgrund seiner psychischen Verfassung konnten wir äußerst selten gemeinsam irgendwo hingehen und wenn, dann endete es sehr oft in peinlichen und komischen Begegnungen. Selbst die Urlaube, die wir miteinander verbrachten, waren katastrophal. Um ehrlich zu sein, gab es ganz viele Menschen, die nicht mal wussten, dass ich einen Partner hatte. Ich machte alles allein und sprach äußerst selten oder nie über ihn.

Am Anfang der Beziehung hatte ich noch versucht, dafür zu kämpfen und dafür einzustehen, hatte mich stark gemacht und immer wieder versucht, das Beste daraus zu machen. Aber nach einiger Zeit oder sagen wir nach einigen Jahren hatte ich gemerkt, dass die Anstrengungen nur von mir kam und dass er an einer wirklichen Veränderung kein Interesse hatte. Man könnte fragen: »Und warum hast du dich nicht getrennt?«

Ja, genau diese Frage stellte ich mir auch immer wieder. Aber damals schaffte ich es einfach nicht. Ich war in dieser Beziehung gefangen, die nach außen hin so perfekt schien, weil ich mich ja nie beschwerte. Die mich aber innerlich komplett zerstörte.

Sind wir mal ehrlich, du bist in deinen besten Jahren und hast zu Hause eine Vollkatastrophe, bist dir dessen auch komplett bewusst und schaffst es aber nicht, dich zu trennen. Ich hatte Angst vor den Konsequenzen, weil egal, was zwischen uns war, es hatte immer mit sehr viel Drama zu tun und ich wollte mich dem einfach entziehen, indem ich einfach mein Leben weiterlebte. Er war zwar in meinem Leben existent, aber nur als Mitbewohner wie in einer Wohngemeinschaft. Schon nach wenigen Jahren in unserer Beziehung bestand einfach keinerlei Nähe mehr.

Keine Berührungen, keine positiven Emotionen. Keine Geborgenheit, keine Liebe und schon gar keine guten Gespräche. Wenn es Emotionen gab, dann immer nur Streit und davon eine ganze Menge. Eifersucht war ein ganz großes Thema, und Drogen. Also alles in allem wirklich eine sehr traurige Angelegenheit, aus der ich es im vollen Bewusstsein nicht schaffte zu entkommen.

Ich versuchte so viel wie möglich zu arbeiten und einfach nicht zu Hause zu sein. Ich nahm diverse Nebenjobs an, nur damit ich keine Zeit mit ihm zusammen verbringen musste. Wie krank war das bitte? Also kann ich wirklich sehr gut nachvollziehen, wenn ihr mir erzählt, dass ihr vor irgendetwas Angst habt, oder wenn ihr eine Entscheidung vor euch herschiebt. Ich verstehe euch wirklich alle sehr gut, und ich kann euch sagen, Entscheidungen werden belohnt, auch wenn man Angst hat!

Ich war also wirklich nicht glücklich zu Hause, aber erfolgreich im Job. Hatte mittlerweile zwei wundervolle Kollegen im Büro. Und der Kollege, der mich noch vor Jahren getriggert hatte, war mittlerweile zu einem guten Freund geworden. Wir hatten wirklich gute Gespräche und ich bin gerne zur Arbeit. Auch wenn die Bezahlung, verglichen mit dem Markt, sagen wir mal eher suboptimal war, waren die Kollegen dafür umso besser. Viele meiner Freunde, Kollegen oder auch Bekannten sagten immer wieder zu mir: »Tania, du musst hier aus diesem Dorf raus. Geh in die weite Welt hinaus. Du hast so viele Talente, trau dich, geh raus und du wirst so viel erfolgreicher sein.« Ich wollte aber nicht weg! Ich wollte auf gar keinen Fall mein geliebtes Offenburg verlassen. Schon beim Gedanken daran drehte sich mein Magen um und ich bekam schon Schnappatmung. Und immer, wenn jemand zu mir sagte, dass ich weg müsse, antwortete ich immer das Gleiche. Nämlich, dass ich total glücklich bin, dass alles wundervoll ist, dass es mir gut geht und warum sollte ich denn weggehen?

»Ich bin vollkommen zufrieden. Es bleibt alles so wie es ist, es ändert sich rein gar nix.« Und das sagte ich immer wieder im vollem Bewusstsein, obwohl ich genau wusste, dass ich eben nicht glücklich war. Sondern todunglücklich! Aber ich wollte eben lieber unglücklich sein, als nicht zu wissen, was dann kommt. Ich hatte ein riesengroßes Problem mit Vertrauen! Obwohl ich von meiner Einstellung her viel an meinem positiven Denken und an meinem Mindset gearbeitet hatte, war dieses Thema trotzdem so präsent und die Angst kickte enorm. Bis zu diesem besagten Tag im September 2010 im Büro.

Meine beiden Kollegen im Büro hießen Markus und Karin und wir waren tatsächlich mehr als nur Kollegen, wenn man so viele Stunden miteinander verbringt, dann wird man einfach zu einer Einheit, zu richtig guten Freunden. Man erzählt sich Privates und teilt sehr viel von seinem Leben. Die beiden wussten auch, das ich sehr unglücklich zu Hause war, vielleicht bekamen sie auch das eine oder andere unschöne Telefonat mit, oder die eine oder andere Streitigkeit, die ich dann doch mal erzählte. Aber auch da wurde über vieles einfach nicht gesprochen, weil ich auch keine

Bereitschaft zeigte. Ich wollte das so, das sagte ich überall. An diesem Tag musste ich wie so oft ein Reporting abgeben, direkt an unserer zentralen Stelle: Zahlen, Daten und Fakten, die dann gebündelt zum Kunden übermittelt werden konnten.

Wir hatten zu der Zeit einen sehr großen Kunden, für den wir die komplette Dienstleistung übernommen hatten, die Deutsche Telekom.

Der Hauptsitz der Deutschen Telekom ist in Köln-Bonn und dort waren auch unsere Ansprechpartner. Dorthin wurden Daten übermittelt und dort wurden zentrale Entscheidungen getroffen. Dann gab es diese eine Person, die die Daten von unserer Firma sammelte und sie gebündelt an die Telekom weitergab. Geben wir ihr doch einfach einen netten und freundlichen Namen, nennen wir sie einfach: dumme Sau! Ja, genau, ihr lest richtig. Nennen wir sie einfach dumme Sau!

Also die zentrale Stelle hatte ein paar Tage zuvor mal wieder Daten eingefordert, ich hatte sie geschickt und für mich war die Sache abgeschlossen. Hierbei ging es um eine Excel-Tabelle, in der Zahlen eingetragen wurden, in Bezug auf Standorte und Leistungen, die erbracht wurden. Was nun passiert war, war, dass ich tatsächlich einen Fehler gemacht hatte. Sowas passiert überall immer wieder und tatsächlich ist das auch nicht schlimm, denn wir sind Menschen und wir machen Fehler, das gehört dazu! Sie hatte den Fehler erkannt und hat Folgendes getan. Sie hatte nun genau diese Tabelle genommen, die falsche Position mit einem roten Stift eingekreist, einen Pfeil eingefügt und dazu geschrieben: SO NICHT!!!

Parallel hatte sie natürlich meinen Namen nicht geschwärzt und hatte diese E-Mail an einen Verteiler geschickt, in dem tatsächlich nur noch der Präsident der Vereinigten Staaten gefehlt hat! Die ganze Welt wusste nun, dass ich einen Fehler begangen habe und angeblich strunzdumm bin! Also auf gut Deutsch hatte sie mich vor versammelter Mannschaft bloßgestellt. Es passierte, was passieren musste: Ich drehte komplett durch. Ich wurde laut und *dumme Sau* war mit Sicherheit noch das schönste Wort, was in dem Augenblick fiel.

Sie hatte genau das erreicht, was sie erreichen wollte, sie hatte mich tief getroffen und ich reagierte genauso, wie sie sich das wahrscheinlich erhofft hatte. Ich wurde immer lauter und steigerte mich so richtig schön hinein und mein Kollege Markus sagte das, was Männer halt in solchen Situationen sagen: »Tania, jetzt reg dich doch nicht so auf.« Genau das ist der Satz, den man hören möchte, wenn man so kurz vorm Ausrasten ist. Ein anderer schöner Satz in solchen Situationen ist auch: »Jetzt bleib doch mal sachlich.« Niemand möchte so etwas in so einer Situation hören, vor allen Dingen bewirkt es wirklich oft genau das Gegenteil. Da Markus merkte, dass ich mich nicht beruhigen ließ, kam er mit einem neuen Argument. Er sagte zu mir: »Jetzt reg dich nicht auf, die ist eh bald nicht mehr da.«

Damit erreichte er zumindest, dass ich aufhörte zu brüllen und ihn kurz anschaute und nachfragte: »Wie, sie ist eh bald nicht mehr da, was soll das heißen?« Markus schaute mich an und sagte: »Sie geht nach Köln-Bonn direkt zur Telekom, sie ist nur noch einen Monat da.« »Was????« Was von Markus nett gemeint war und auch total im Guten gedacht war, kam bei mir aber komplett anders an. Denn wenn du direkt zum Kunden gehen durftest als Dienstleister, hattest du den Jackpot, einen Sechser im Lotto! Denn die Konditionen und die Geldverhältnisse waren beim Kunden direkt um ein Vielfaches besser, als wenn du beim Dienstleister arbeitest. Also ging mein Gezeter jetzt wieder von vorne los, nur noch mal eine Oktave höher und auch mindestens ein Dezibel lauter. Ich regte mich nochmal auf und steigerte mich so dermaßen in diese Situation rein, dass meine Farbe im Gesicht einer Tomate glich. Karin schaute mich zwischenzeitlich besorgt an und sagte: »Tania, ich mach mir Sorgen, du siehst wirklich nicht mehr gesund aus.«

Ich schaute sie an und in dem Augenblick fasste ich einen Entschluss. Hier genau dieser Stelle entschied ich: Was diese dumme Sau kann, das kann ich schon lange. Es sei mal dazu gesagt, Entscheidungen, die man in solch einer Emotion fällt, sind vielleicht nicht immer durchdacht und geplant.

Ich schaute Karin und Markus an und sagte: »Ich bewerbe mich jetzt auch bei der Telekom, ist doch mir scheißegal!« Ich setzte mich an den Schreibtisch, öffnete den Browser und ging auf Stellenangebote auf der Seite der Deutschen Telekom. Ich suchte mir drei Arbeitsstellen aus und schrieb ratzfatz eine Bewerbung dazu. Lebenslauf hatte ich sowieso abgespeichert und Zack ging die Bewerbung raus, keine halbe Stunde später hatte ich drei Bewerbungen an die Deutsche Telekom geschickt.

Nun ist das bei mir so eine Sache, mein südländisches Blut verhilft mir oft dazu, ziemlich schnell sehr impulsiv, laut und emotional zu sein, aber gleichzeitig flacht das wieder relativ schnell ab. Wenn die Emotion erst mal weg ist, dann vergesse ich auch manchmal sogar, worüber ich mich überhaupt so aufgeregt habe. Das kann in der einen oder anderen Situation auch wirklich sehr nützlich sein!

Drei Tage später klingelte mein Telefon und ich ging ran, es meldete sich eine Frau und sagte, sie sei von Congstar. Ich hätte mich ja bei ihnen beworben. Im ersten Augenblick war ich komplett überfordert, weil ich nicht wusste, was diese Frau von mir wollte. Dann erinnerte ich mich daran, dass ich vor drei Tagen einen Tobsuchtsanfall gehabt hatte und mich bei der Deutschen Telekom beworben hatte. Und genau so sagte ich es auch der Dame: Dass ich mich niemals bei der Congstar beworben hatte, sondern bei der Deutschen Telekom und dass da wohl ein Missverständnis vorliegt. Die Dame erklärte mir mit einer Engelsgeduld, dass die Congstar eine Tochterfirma der Deutschen Telekom sei und ich mich genau bei dieser beworben habe. Und Achtung! Der Standort sei in Köln. Mhm, puh, ich dachte, ich hätte mich bei der Telekom beworben bei Standorten, die relativ nah waren, so Außenstellen oder so. Aber in dem Wutanfall, den ich da gehabt hatte, musste ja einiges schief gelaufen sein. So hörte ich mir also alles an, sie sagte mir, wann das Vorstellungsgespräch sei, und ich sagte zu und freute mich auf einen schönen Ausflug.

Nachdem ich aufgelegt hatte, erzählte ich Karin und Markus davon. Die beiden schauten mich an, schüttelten ihre Köpfe und konnten gar nicht glauben, was sie da hörten. Ich muss an dieser Stelle auch wirklich ganz ehrlich mit euch sein.

Ich hatte seinerzeit eine Ausbildung im medizinischen Bereich und eben auch ein Studium im medizinischen Bereich, kaufmännisch hatte ich keine Ausbildung, nur die Praxiserfahrung. Und nun ja, wie soll ich sagen, ich hatte mich natürlich auch auf Stellen beworben, die so einen gewissen Kawumms hatten. Ich wollte ja in dem Augenblick besser sein, stärker, größer, erfolgreicher als die dumme Sau.

Also hatte ich mich natürlich auf eine krasse Managerposition beworben! Und nun hatte ich ein Vorstellungsgespräch in Köln bei der Congstar auf einen Job als Manager! So ganz konnte ich das noch gar nicht realisieren. Vielleicht war das auch der Grund, warum ich niemandem davon erzählte, außer meiner eingeschworenen Crew im Büro, Karin und Markus waren meine Verbündeten. Ich nahm mir einen Tag Urlaub, erzählte keinem davon und fuhr vier Stunden mit dem Auto nach Köln.

Ich weiß noch ganz genau, wie heiß es gewesen ist, keine Klimaanlage, ein kleiner Peugeot. Ich fuhr Richtung Köln und dachte im Auto nicht eine Sekunde darüber nach, was da jetzt wohl auf mich zukommen könnte. Ich ließ mich voll drauf ein. Mit meiner guten Einstellung zum Leben dachte ich, das Leben meint es gut mit mir, lass uns mal schauen, was da jetzt kommt. So fuhr ich in die längste Tiefgarage Europas in dem Bereich, der extra für Congstar abgetrennt war, und parkte mein Auto. Als ich aus dem Auto stieg, fiel mir sofort ein anderes Auto auf, es war ein

Schwarzer PT-Cruiser der Marke Chrysler, der da in seiner vollen Pracht stand.

Wer jetzt nicht weiß, was das für ein Auto ist, könnt ihr ja mal kurz googeln oder euch ein paar Jahre zurückversetzen, denn da fuhren noch einige mehr auf den Straßen herum.

So ein Auto wollte ich mir immer kaufen, weil ich es absolut geil fand. Allerdings hatte meine Mutter etwas dagegen, sie sagte, es sehe wie ein Leichenwagen aus. Wenn ich mir so ein Auto kaufe, dann würde sie nicht bei mir einsteigen. Heute würde ich mir das Auto wahrscheinlich genau aus diesem Grund kaufen! Hahaha, aber damals war das tatsächlich ein Grund, mir dieses Auto nicht zu kaufen.

Mich hat es eher so an London-Miss-Marple erinnert und bis heute liebe ich dieses Auto sehr. Übrigens auch sehr interessant, ich habe noch nie Miss Marple gesehen oder gelesen oder gehört. Hahaha, aber liebte ein Auto, dass mich genau daran erinnerte.

Also ich stieg in dieser besagten Garage aus und sah dieses Auto und war hin und weg, in meinem Kopf kam sofort der Gedanke – krass Tania, das ist ein Zeichen! Ich packte meinen ganzen Mut und lief nach oben zu diesem besagten Vorstellungsgespräch. Ich sprach mit der Teamleitung und war schon gleich nach dem ersten Gespräch hin und weg. Ich glaube, ich hatte ein Dauergrinsen im Gesicht, spätestens in dem Moment, als wir über das Thema Geld sprachen.

Das war so eine Menge Geld, das ich da verdienen würde, dass ich das in meinem Kopf gar nicht klar sortieren konnte. Außerdem sah alles so neu, modern, flippig und innovativ aus und die Leute grüßten nett. Es sah einfach alles in allem richtig, richtig gut aus.

Ich kannte das aus meiner Dienstleisterwelt leider nicht, da wurde sehr oft gespart und diese Identifikation mit dem Kunden fiel da nicht wirklich so gut aus.

Nach dem Gespräch ging ich wieder ins Auto, der PT-Cruiser stand immer noch da, ich sagte Tschüss zu dem wunderschönen Auto, und fuhr nach Hause. Ganze vier Stunden hatte ich nun Zeit, darüber nachzudenken, was meine möglicherweise zukünftige Chefin mir so erzählt hatte. Das hörte sich alles so krass gut an, dass ich den Standort Köln komplett ausblendete. Jetzt wo ich so drüber schreibe, merke ich erst, was für ein Profi im Ausblenden ich bin. Das kann ich richtig gut, Menschen und Orte einfach verschwinden lassen. Am nächsten Morgen sprach ich mit Karin und Markus, erzählte von diesem Schlaraffenland und war davon überzeugt, dass sich dann niemand mehr melden würde, denn das wäre ja einfach zu krass.

Genauso kommunizierte ich das auch, setzte mich an meinem Schreibtisch und arbeitete weiter. Drei Tage später klingelte das Telefon erneut, ihr wisst was kommt, oder? Genau, es war wieder die Congstar, die mich zum zweiten Gespräch einlud, diesmal mit der Abteilungsleitung. Nicht dein Ernst! Das kann doch nicht sein, dass man mich zu einem Zweitgespräch nach Köln einlädt. Unbeschreiblich, was mir in diesem Moment durch den Kopf ging. Natürlich sagte ich zu, das zweite Gespräch, wow! Ich nahm mir wieder einen Tag Urlaub und fuhr mit meinem klimaanlagenfreien Auto nach Köln und schwitzte mal wieder, was das Zeug hielt. Ich kannte ja nun die Tiefgarage und fuhr genau dahin, wo ich das letzte Mal auch mein Auto abgestellt hatte. Und ratet mal, was da stand? Genau auf dem gleichen Parkplatz mir gegenüber ganz genau der PT-Cruiser. Da stand er wieder in der vollen Pracht in Schwarz. Ich freute mich wie verrückt darüber, dass schon wieder ein Zeichen da war und ging frohen Mutes nach oben, zu meinem zweiten Vorstellungsgespräch als Manager bei Congstar.

Auch dieses Gespräch verlief wirklich äußerst positiv. Die Dame, die sich dann als Abteilungsleiterin vorstellte, war unheimlich nett, zuvorkommend und erzählte mir auch noch etwas von Prämien und so vielen großartigen Annehmlichkeiten, dass ich am liebsten schon laut geschrien hätte: »Ja, nehme ich.« Ich ging also nach diesem Gespräch frohen Mutes wieder an mein Auto, setzte mich rein und fuhr wieder vier Stunden nach Hause. Ich war unheimlich gut gelaunt und freute mich einfach darüber, dass ich so ein großartiges Zweitgespräch gehabt hatte. Bis zu dem Zeitpunkt hatte ich immer noch nicht darüber nachgedacht, dass es der Job in Köln wäre, ganze vier Stunden von mir zu Hause entfernt. Ich, die niemals von zu Hause weggehen wollte, war gerade auf der Rückfahrt von einem zweiten Gespräch, 400 Kilometer entfernt von meinem Zuhause.

Hätte man mir das nur zwei Tage davor gesagt, hätte ich vehement meinen Kopf geschüttelt und ganz klar gesagt – niemals! Never! Nein! Auf gar keinen Fall! Am nächsten Morgen erzählte ich wieder im Büro, wie es gelaufen war, wie schön und wie großartig, wieviel Geld dabei rumkommen würde und was für eine einmalige Chance das sei. Um dann am Ende vom Gespräch einfach vernünftigerweise auch ganz klar die Chancen auf diesen Job zu analysieren. Denn die waren meiner Meinung nach gleich null, da ich ja keinerlei kaufmännische Ausbildung hatte und auch nur mit meinem praktischen Wissen strahlen konnte.

Ich hak das jetzt ab unter schöne Erfahrungen – danke für die Chance. Ich wollte schon immer mal nach Köln fahren und für mich war die Sache erledigt, gegessen und abgehakt.

Vor allem, weil mir die Abteilungsleiterin ja gesagt hatte, falls sie sich nochmal melden sollten, dann sei das das letzte Gespräch und das sei dann mit dem Geschäftsführer und ich komme zur Vertragsunterzeichnung. Ich hatte auch so ein Gefühl, während sie das so gesagt hatte, so als ob es eh nicht stattfinden würde.

Somit ging ich entspannt und ohne irgendwelche Erwartungen in die nächste Woche. Ob ihr es nun glaubt oder nicht, drei Tage später klingelte das Telefon wieder. Wirklich, es klingelte und ich sah die Kölner Nummer auf meinem Display und 1 000 000 Gedanken gingen mir in dem Augenblick durch den Kopf. Ich ging also ans Telefon und hörte da eine Stimme, die mir sagte: »Hallo, Frau di Clemente, schön, dass wir sie am Telefon haben, wir würden Sie gerne zur Vertragsunterzeichnung nach Köln einladen.« Hätte sich meine Hand um das Telefon nicht komplett verkrampft, wäre mir das Handy einfach aus der Hand gefallen. Ich wusste gar nicht, was ich sagen sollte, weil ich komplett überfordert war und somit sagte ich das Einzige, was richtig war, nämlich: »Oh, wie schön, das freut mich total, ich komme sehr gerne.«

Wir vereinbarten einen Termin, ich legte auf und atmete erst mal durch. Dann atmete ich nochmal und dann nochmal und dann nochmal. Schaute meine Kollegen an und sagte mit ziemlich zitternder Stimme: »Leute, ich habe den Job! Könnt ihr euch das vorstellen? Ich habe den Job in Köln bekommen!« Beide schaut mich an, grinsten und sagten: »Und nimmst du ihn auch an?« Puh! Keine Ahnung, darüber muss ich erstmal nachdenken. Ich hatte bis zu diesem Zeitpunkt immer noch niemandem davon erzählt, außer meinen beiden Kollegen im Büro. Ich ging ja davon aus, dass ich diesen Job eh nicht bekomme, daher dachte ich: Warum denn solche Sachen erzählen, wenn sie eh nicht funktionieren?

Nun ging aber mein Plan nicht auf, ich hatte diesen FUCKING Job tatsächlich bekommen! Und irgendwas in mir schrie total laut: DU MUSST DIESEN JOB ANNEHMEN! Du musst diesen Job annehmen! Du musst diesen Job annehmen! Du musst diesen Job annehmen! Du musst diesen Job annehmen! Nun ja, ich löste diese Aufgabe, wie so viele andere Aufgaben in meinem Leben, ich ließ mich mal drauf ein. Mal schauen, was wird. Damit meinte ich, ich fahr mal nach Köln und schau mal, wie der Vertrag so ist, und entscheide dann.

Ich meine, wie kann man denn einfach mit so einer krassen Verdrängungs-Systematik durchs Leben gehen? Was soll denn jetzt bei der Vertragsunterzeichnung noch passieren? Da wird der Vertrag hingelegt, ich lese ihn mir durch und dann unterschreibe ich ihn. Fertig, so wie das tausend andere Menschen auf diesem Planeten tagtäglich auch machen.

Aber Hauptsache sich nicht mit dem Thema beschäftigen und sich nicht damit beschäftigen, dass gegebenenfalls ein Umzug ansteht, nicht damit beschäftigen, dass Gespräche geführt werden müssen, meine Kündigung eingereicht werden muss und so weiter und sofort, nee, ich fahr mal nach Köln und schau mal was wird.

Heute, rückblickend betrachtet, weiß ich genau, dass es das Richtige gewesen ist, es genauso gemacht zu haben. Denn hätte ich mir viele Gedanken dazu gemacht, hätte es sehr gut sein können, dass ich vor lauter Angst nicht gefahren wäre. Also hat mein System genau das richtige gemacht – verdrängt! Verdrängt bis zu dem Moment, wo es einfach gar nicht mehr anders ging.

Also fuhr ich dann wenige Tage später das dritte Mal nach Köln, wieder in die längste Tiefgarage Europas, wieder an die gleiche Stelle, wo mein Auto schon zweimal gestanden hatte, und wisst ihr, was da wieder stand? In voller Pracht – genau der schwarze PPT-Cruiser und strahlte mich an.

Ich stieg aus, grüßte den Cruiser, bedankte mich beim Universum für das Zeichen und ging wieder nach oben, um diesmal mit dem Geschäftsführer über meinen Arbeitsvertrag zu sprechen. Der war mega nett, oh mein Gott, war der nett und sympathisch und vor allen Dingen empathisch.

Man muss dazu sagen, dass der Geschäftsführer des Unternehmens, in dem ich zu der Zeit gearbeitet habe, ein Choleriker war, das waren keine Welten, die die beiden unterschieden, das waren ganze Galaxien.

Ich bekam den Vertrag, ich schaute ihn mir an und ich unterschrieb sofort direkt bei ihm. Ich bekam eine Kopie mit und ging mit den Worten »Ich freu mich, wir sehen uns am 2. November.« Wenn ich gewusst hätte, was diese Unterschrift mit meinem Leben macht, dann hätte ich sie wahrscheinlich mit Edding doppelt und dreifach drunter gesetzt, denn es war das zweite Mal, dass sich durch so etwas mein Leben komplett geändert hatte. Ich ging also wieder runter zu meinem Auto. Diesmal hatte ich vor lauter Aufregung komplett vergessen, das Auto abzuschließen und das Fenster hochzumachen. Das Auto stand unabgeschlossen und mit offenem Fenster ein paar Stunden in dieser Tiefgarage. Ich hatte Wertsachen im Auto liegen gelassen, das Navi war noch am Fenster drangesaugt, und es war einfach nichts passiert.

Ich dachte, ah, der PT-Cruiser hat auf mein Auto aufgepasst, setzte mich in mein Auto und fuhr wieder nach Hause. Ich glaube, bei dieser Fahrt wurde mir das erste Mal bewusst, was es bedeuten würde, falls ich nach Köln ziehen würde. Oh, Entschuldigung ist ja nicht so, dass ich den Vertrag schon unterschrieben hatte!

Also diese ganzen »würde, würde« in dem Satz waren Nonsens, denn ich hatte den Arbeitsvertrag unterschrieben, somit hatte ich auch die Arbeitsstelle angenommen. Mir ging in dem Augenblick durch den Kopf, okay, ich brauche eine Wohnung, wo soll ich denn sonst schlafen? Ich war ja mittlerweile schon neun Jahre in meinem alten Unternehmen und hatte ein gutes Verhältnis zu Ansprechpartnern bei der Deutschen Telekom aufgebaut. Mit einer Person, Heike heißt sie, habe ich mich besonders gut verstanden und auch immer wieder mal telefoniert. Von ihr wusste ich, dass sie gerade frisch umgezogen war, in eine größere Wohnung nach Bonn. Und genau die rief ich noch im Auto an, ich weiß gar nicht, ob ich eine Freisprecheinrichtung hatte. Oh, habe ich das jetzt etwa laut gesagt?

»Heike! Wie gehts dir so, was machst du Schönes?«, fing ich das Gespräch an, »Du, sag mal, du bist doch umgezogen und in eine größere Wohnung, oder?« Sie bejahte und man merkt, es schon anhand der Betonung, dass sie etwas verwundert war. »Warum fragst du?«, kam zurück. »Naja, brauchst du denn alle Zimmer oder hast du eins übrig?« Es wurde nicht besser, ich sah praktisch durch das Telefon ihr etwas verwirrtes Gesicht. »Was meinst du mit, ob ich sie alle brauche? Ich habe halt so ein Zimmer, da steht halt alles Mögliche drin, aber brauchen tu ich es nicht. Warum fragst du, Tania?« »Naja, ich bin seit ein paar Stunden deine Arbeitskollegin und brauche jetzt eine Wohnung in der Nähe von Köln. Und da dachte ich mir, vielleicht magst du mir ein Zimmer untervermieten.« Ihr könnt euch vorstellen, was dann passierte. Ein Meer von Fragen prasselt auf mich ein, unter anderem: »Wie, du bist jetzt meine Kollegin? Wo fängst du jetzt an zu arbeiten? Warum weiß ich nichts davon? Warum erzählst du nix? Wann geht es los?« Und noch ganz viele solcher Fragen.

»Heike, ich beantworte dir alles, aber beantworte mir jetzt erstmal die Frage, habe ich denn ein Zimmer bei dir?« Kurze Pause und dann sagte sie: »Klar, brauchst du ein Foto?« Ich höre mich antworten: »Hat es ein Fenster?«

»Ja.«

»Hat es eine Tür?«

»Ja.«

»Na gut, dann nehme ich es.«

Ich legte auf, fuhr weiter und war äußerst zufrieden. Ich hatte die Wohnungsproblematik schon auf dem Rückweg geklärt. Was bin ich denn für ein krasser Typ? Den Umzug und das damit verbundene Loslassen hatte ich immer noch nicht auf dem Schirm.

Ich kam zu Hause an und erzählte immer noch nichts. Ich ging schlafen und am nächsten Morgen zur Arbeit. An diesem Morgen redete ich mit meinen Kollegen im Büro und erklärte, dass ich tief in meinem Herzen nicht gehen wollte, dass tief in meinem Herzen die Angst vorm Gehen so groß war, dass sie mich fast auffraß und, dass ich tief in meinem Herzen unbedingt hierbleiben wollte. Aber noch tiefer in meinem Herzen verankert wie ein Unumgängliches und Standhaftes immer wiederkehrendes Mantra kam immer wieder dieser Satz: Du musst den Job annehmen – du musst den Job annehmen! Du musst nach Köln und den Job annehmen. Immer und immer wieder!

Ich fing an zu realisieren, was es bedeutet, einfach wegzuziehen. Ich fing an zu realisieren, was das bedeutet, meine kompletten sozialen Kontakte, somit mein Auffangnetz, meine Stärke, meine Sicherheit einfach alles, was ich hatte, hinter mir zu lassen und mich auf ein Abenteuer zu begeben, von dem ich noch nicht mal einen Bruchteil erahnen konnte. In eine Stadt, in der ich niemanden kannte, in ein Unternehmen, in dem mich niemand kannte, zu einem Job, von dem ich nicht mal einen Bruchteil wusste, wie er funktioniert, und das absolut allein, ja. Von dem Moment an saß die Angst wie ein »lieber« Begleiter in meinem Genick und mein Magen krampfte sich immer wieder zusammen. Aber trotzdem ging ich an diesem Tag zu meinem Vorgesetzten und kündigte meinen Job. Der legte mir natürlich noch ein paar Steine in den Weg, aber ich glaube, das gehört einfach dazu, und an diesem Tag ging ich nach Hause und erzählte meiner Familie und meinem damaligen Freund, dass ich ab dem 2. November einen neuen Job habe in Köln und dass ich dafür umziehen würde.

Wow! Jetzt im Nachhinein habe ich das Gefühl, dass ich fremdgesteuert war. So, als ob ich das gar nicht selbst alles machen würde, und im Hintergrund immer diese Stimme, die mir sagte: »Du musst das nicht machen, Tania. Du kannst bleiben, dann bleibt alles gleich, es ändert sich nichts.« Und genau das war das Problem, ich wollte, dass sich etwas ändert, denn ich war nun mal im Herzen sehr unglücklich. Und diesmal wusste ich irgendwie, das ist meine Chance, nimm sie wahr!

Geplant war erst einmal, dass ich pendelte. Immer Montagmorgen nach Köln und am Freitagnachmittag nach Hause. Ihr könnt euch vorstellen, wie groß die Freude war, als ich davon erzählte. Vielleicht war das auch der Grund, warum ich erst so spät damit angefangen hatte zu erzählen, weil ich mir diese ganzen Diskussionen, Tränen, Emotionen und was auch immer noch dabei war, ersparen wollte. Mein damaliger Freund war wirklich sehr aufgebracht. Er drohte mir damit, mich zu verlassen und noch so viele andere schöne Sachen, aber mir war zum einen klar, dass er das nicht machen würde, und zum andern, dass ich gehen musste. Und genau das sagte ich ihm auch. »Wenn du mich deshalb verlassen musst, dann muss es wohl so sein«, hörte ich mich jeden zweiten Tag sagen, bei jedem Gespräch und bei jeder Diskussion dazu. Und natürlich verließ er mich nicht, sondern er blieb.

Der 1. November kam. Meine Mutter hat an diesem Tag Geburtstag. Es war ein verregneter Tag, es war trist und grau und es war neblig. Ich weiß es noch ganz genau, wie ich auf dieser Straße stand vor unserer Wohnung. Ich hatte mich bereits oben von allen Verwandten verabschiedet, hatte mich von meinem Freund verabschiedet, und da stand ich nun auf dieser Straße mit meiner Cousine. Meine Cousine war zu der Zeit meine engste Bezugsperson, ich bin mit ihr aufgewachsen und sie ist 13 Jahre jünger als ich. Wir wohnten im gleichen Haus, wir schliefen teilweise im gleichen Bett und hatten eine enorm enge Bindung zueinander. Ich bin ja Einzelkind, und ich würde sagen, sie war meine Schwester von einer anderen Mutter, so fühlte es sich zumindest an. Wir standen auf der Straße, und ich bin ganz ehrlich, am schlimmsten traf mich tatsächlich der Abschied von ihr. Man versucht immer stark zu sein und möchte nicht zeigen, wie emotional das ist, aber tatsächlich konnte ich da meine Tränen nicht mehr zurückhalten. Ich weinte bitterlich, schaute sie an und sagte zu ihr: «Ich möchte nicht gehen, ich möchte wirklich nicht gehen, aber ich weiß, dass ich gehen muss. Ich muss da hin! Ich weiß nicht warum, aber ich muss gehen und ich möchte und muss dem Universum vertrauen!« Keine Ahnung, wie ich es ins Auto schaffte, aber ich stieg ein und fuhr vier Stunden weinend nach Bonn. In meine neue Wohnung beziehungsweise in mein neues Zimmer in der Wohnung von Heike. Gleich am nächsten Tag begann der neue Job, somit war ich gut abgelenkt und bis auf das Vermissen meiner Cousine ging es mir ganz gut. Die ersten Wochen waren gefüllt mit neuen Aufgaben und neuen Kollegen, manche waren gut lösbar, andere eher weniger.

Aber auf einmal stellte sich eine Freiheit ein, die ich so nicht kannte. Ich hatte einfach keine Verantwortung für niemanden mehr, nicht für meinen Freund und auch nicht für meine Eltern. Ich war frei wie ein Vogel, ich konnte tun und lassen, was ich wollte, und dieses Gefühl war herrlich.

Heute würde ich sagen, der Rucksack wurde von Tag zu Tag leichter. Ich legte so viel ab und fühlte mich so viel besser. Weil ich mich auf mich konzentrieren konnte und einfach sein konnte, wer ich bin. Und auf einmal hatte ich Spaß, ich fand es mega, ich freute mich auf den Montag und manchmal war ich sogar traurig, dass ich am Freitag nach Hause fahren musste.

Auf meine Cousine freute ich mich weiterhin sehr, aber den Rest vermisste ich zu dem Zeitpunkt überhaupt gar nicht. Ein paar meiner Freunde kamen mich auch besuchen und dadurch, dass ich ja jetzt eine WG hatte, war ich nie allein. Wenn ich aber doch mal meine Ruhe haben wollte, konnte ich mich ohne schlechtes Gewissen zurückziehen.

Über Weihnachten und Neujahr hatten mein damaliger Freund und ich einen Urlaub in Ägypten gebucht, und in dieser Woche wurde mir so einiges klar. Vor allem, dass da eigentlich zwei Fremde gemeinsam im Urlaub waren. In dieser Woche war er mit seinen Sachen beschäftigt, ich las meine Bücher und ging sogar allein zum Essen. Jemand, der mich von außen sah, hätte nie gedacht, dass ich mit einem Partner da wäre. Mit Abstand betrachtet und mit der Erkenntnis, wie es sich anfühlt, eben keine Verantwortung für einen Menschen tragen zu müssen, wurde mir eines wirklich klar: Ich musste mich von diesem Mann trennen.

Ich wollte nicht mehr, und vor allem hatte ich erkannt, wie schön so ein leichterer Rucksack war. Ich war damals 33 Jahre alt und für mich war klar, okay, dann heirate ich halt nicht, bekomme auch keine Kinder und werde einfach Karriere machen. Aber das mache ich dann eben allein, ohne Partner. Das war mein Plan, denn den Job hatte ich jetzt und für den Rest habe ich einfach niemanden und somit werde ich einfach einen anderen Weg gehen. Ich bin dann einfach die erfolgreiche Cousine, Tante, Freundin oder was auch immer, die nicht verheiratet ist und keine Kinder hat. Das war mein Plan, aber das Universum hatte eben einen anderen Plan für mich. Das neue Jahr begann und es passierte sogar, dass ich vergaß, zu Hause anzurufen. Ich machte das nicht mit Absicht, aber ich vergaß es einfach. Ich blendete von Montag bis Freitag mein anderes Leben oder mein altes Leben einfach aus. Und das lebte ich so intensiv, dass ich einfach vergaß, dass es da noch einen Partner in Offenburg gab. Ich glaube, getrennt war ich schon lange, nur ausgesprochen hatte ich es eben noch nicht.

Und auf einmal gab es da so einen Arbeitskollegen, den ich unheimlich faszinierend fand. Ich kann nur sagen, in den zehn Jahren meiner Beziehung, in der ich wirklich sehr traurig gewesen bin und ganz oft verzweifelt war, gab es auch einige Möglichkeiten und Gelegenheiten, um meine Frustration zu stillen und meinen Partner zu betrügen.

Aber ich habe nie auch nur im Geringsten daran gedacht, obwohl ich nicht glücklich war. Und jetzt hier in Bonn, war auf einmal ein Arbeitskollege so interessant, dass er mich magisch anzog wie ein Magnet. Noch nie hatte ich sowas empfunden. Nie hatte ich das Gefühl, nicht Herrin meiner Sinne zu sein. Und doch hatte ich so eine große Angst davor, es mir einzugestehen. Wir waren Kollegen und unsere Chefin hatte uns gebeten, sehr eng miteinander zu arbeiten. Vielleicht hatten wir das zu wörtlich genommen.

Anfang Februar begann eine spannende Zeit, weil der Kollege und ich auch außerhalb unserer Arbeitszeit miteinander schrieben und irgendwie Kontakt zueinander suchten. Auf einmal kamen die Schmetterlinge, das Herzrasen, alles, was dazu gehört, ein Gefühl, das ich so noch nie gehabt hatte. Und es kam, wie es kommen musste. Wir waren ja in Köln und ihr könnt euch vorstellen, was in Köln zu einer Pflichtveranstaltung gehört, ganz genau, Karneval. Ich hasse Karneval! Abgrundtief! Abgrundtief!

Aber hier in Köln war es nun mal eine Pflichtveranstaltung und wir wurden gebeten, alle teilzunehmen, denn der Arbeitgeber hatte da ein großes Zelt direkt vor dem Gebäude hingestellt. Also Ramba Zamba als Arbeitszeit sozusagen. Meine Verkleidung bestand aus einem pinken Samthut, den ich mir gekauft hatte. Zu mehr war ich nicht zu überreden, wie gesagt, ich mag es nicht so. Ich bot dem gesamten Team an, es nach Hause zu fahren, weil ich keinen Alkohol trank und dieses Angebot nahm mein interessanter Arbeitskollege an.

Am Donnerstag, den 11.02.2010, brachte ich ihn nach Hause und wir küssten uns.

By the way – wir streiten uns noch heute darüber, wer den ersten Schritt gemacht hat. Aber ihr wisst ja, ich bin im Recht, ganz sicher! Ich sprach sehr offen mit ihm. Er wusste, dass ich zu Hause noch etwas zu klären hatte. Ich erzählte ihm, dass meine Beziehung schon seit vielen Jahren nicht mehr das war, was ich mir wünschte, ich aber dennoch ehrlich und offen damit umgehen mochte.

Ich hatte leider eine kleine Herausforderung, denn mein Großvater hatte in zwei Wochen seinen 80. Geburtstag und ich wusste, dass es ein Riesendrama geben würde, wenn ich mich trennte. Daher wusste ich nicht, ob es klug wäre, mich jetzt gleich zu trennen, denn das Thema Drama, Spektakel, große Bühne war vorherbestimmt. Und damit meinte ich nicht, dass es Streit oder so etwas in der Art geben würde. Nein, nein, ich meinte schon das genauso, wie ich es sagte. Mir war bewusst, dass es wahrscheinlich großes Theater und große Bühne geben würde, mit großer Wahrscheinlichkeit mit Polizeieinsatz.

Ist ja nicht so, also ob es das nicht schon ein paar Mal gegeben hätte in der Vergangenheit, zu anderen Themen.

Nun, ich fuhr also nach Hause an dem Abend nach Bonn zu Heike und erzählte ihr, dass ich Frank geküsst hatte, ich aber schnell ins Bett müsse und ihr alles dann erzähle, wenn ich wieder aus Offenburg komme. Könnt ihr ja glauben, dass sie das nicht auf sich sitzen ließ, sondern direkt hinter mir mit in mein Zimmer kam, sich auf mein Bett setzte und sagte: »Du erzählst jetzt und nicht am Sonntag, ich glaub, du spinnst!« Also erzählte ich ihr nochmal alles, grinste von einem Ohr zum anderen und schlief einfach glücklich und selig ein.

Am nächsten Tag fuhr ich nach der Arbeit nach Hause und überlegte mir vier Stunden lang, wie ich dieses Wochenende rumkriegen könne, ohne mir etwas anmerken zu lassen. Ich wollte auf gar keinen Fall den Geburtstag meines Großvaters versauen und wollte einfach warten, bis der vorbei war. Danach dann einfach alles klären – das war mein Plan. Ihr kennt das ja mittlerweile, ich und meine Pläne ☺.

Ich kam nach Hause, ging zur Tür rein, sah meinen Freund und es dauerte genau 25 Sekunden, bis ich zu ihm sagte: »Sorry, aber ich trenne mich – ich bin nur gekommen, um Kleider zu holen und dann fahr ich wieder zurück.« Er schaute mich völlig entgeistert an, verstand überhaupt nicht, was ich von ihm wollte. Ich ging kurz nach oben, um das meinen Eltern zu erzählen, damit die auch verstanden, warum ich gleich wieder fahren würde. Hatte ja mal wieder supergut funktioniert, mein Plan. Vielleicht sollte ich einfach aufhören, Pläne zu machen. Also ging ich nach oben erzählte meinen Eltern, dass ich mich trennen würde, Klamotten packen und gleich wieder fahren würde, und wir uns erst wieder zum Geburtstag meines Großvaters sehen würden. Ich erklärte ihnen, dass ich jetzt gehen würde und erst wieder kommen würde, wenn mein Exfreund unten ausgezogen sei, damit ich einfach dieses ganze Theater nicht erleben müsse und wir vielleicht damit einfach dem ganzen aus dem Weg gehen können. Oder es zumindest etwas entschärfen können.

Ich ging wieder runter, packte meine Sachen, das dauerte keine halbe Stunde und sagte Tschüss.

Ich glaube, mein mittlerweile Exfreund glaubte mir nicht. Ich glaube, er nahm mich nicht ernst. Mein Glück, würde ich sagen, denn ich konnte ohne großes Theater wieder ins Auto steigen und zurückfahren. Krass, oder? Mein Exfreund hatte mich nie nach einer Adresse oder sonstigem gefragt, und somit wusste er nicht, wo ich in Bonn wohnte. Also saß ich jetzt genau in diesem Augenblick im Auto, fuhr zurück nach Bonn, hatte mich getrennt, hatte Klamotten in meinem Koffer, die einige Wochen reichen würden, und hatte mich innerhalb weniger Minuten aus einer Beziehung gelöst, aus der ich zehn Jahre nicht entkommen war. Und das alles, weil mich ein Arbeitskollege geküsst hatte? Ach was, ich hatte ja keine Ahnung, worauf ich mich jetzt einlassen würde.

Ich kann euch jetzt, 15 Jahre später in meiner Küche sitzend sagen, das war eine der wichtigsten Entscheidungen meines Lebens, die ich da getroffen habe. Das Weggehen von zuhause, was mir nahezu das Herz gebrochen hatte, war der Anfang von meinem neuen Leben. In diese Angst zu gehen, sich dieser Angst zu stellen und auf das Gefühl und auf den inneren Ruf zu hören, hat mein Leben gerettet.

Mein damaliger Arbeitskollege »Frank« ist mein heutiger Eh(r)e(n)mann. Worte können nicht beschreiben, was ich für diesen Menschen empfinde. Und ich kann es auch gar nicht beschreiben, was dieser Mensch für mich und mein Leben getan hat. Ich habe vom ersten Tag an gespürt, dass er etwas Besonderes ist. Ich habe gespürt, dass dieser Mann mich vollkommen macht. Was auch immer das bedeutet. Er ist der Teil, der mir gefehlt hat und der mir gezeigt hat, was es bedeutet, bedingungslos zu lieben. Der mir gezeigt hat, was es bedeutet, überhaupt zu lieben. Er ist der Mensch, der mich gerettet hat, gerettet aus einer wirklich schrecklichen Beziehung. Ich durfte ihn heiraten und habe das große Privileg, zwei wundervolle Kinder mit diesem Mann zu haben. Ich bin so unendlich dankbar und so unendlich voller Liebe für diesen Menschen, dass ich es einfach nicht in Worte fassen kann. Er ist ein großer Teil von unserem Erfolg und von dieser Reise, die wir gerade gemeinsam gehen. Ohne ihn gäbe es das alles nicht. So bedingungslos und voller Leidenschaft sich einer Aufgabe hinzugeben, habe ich erst durch ihn gelernt. Das war der Grund, warum ich nach Köln musste, ich musste meinen Seelenpartner finden, damit dieses Leben, dieses Buch, diese Tour, diese Rede stattfinden können.

Das war der Plan.

Danke, Universum, dafür!

Danke, Tania, dass du dich getraut hast und der Angst getrotzt hast, und danke, Frank für jede Minute deines Lebens, die du mit mir gemeinsam verbringst.

Ich liebe dich – wenn nicht für immer, dann wenigstens ewig.

TEIL II

DAS »VOLLKOMMENE« LEBEN DANACH

2025, ziemlich genau 15 Jahre später.

Mit dem Weggang aus Offenburg und der Konfrontation mit meinen Ängsten hat sich so vieles in meinem Leben verändert und ich habe das Gefühl, dass jetzt genau der richtige Augenblick ist, um damit an die Öffentlichkeit zu gehen und euch einiges zu erzählen.

Alles, was ihr hier in diesem Buch findet, ist die Wahrheit und alle Tipps, alle Ideen, alle Wünsche, alle Hoffnungen, alles, was ich euch hier erzähle, entsteht in meinem Kopf, in meinem Herzen und kommt direkt aus meinem Inneren.

Die einen nennen das Spiritualität, der nächste sagt, es wäre esoterisch, wieder jemand anderes sagt, es ist ein Bauchgefühl, und manche sagen, es ist halt Intuition, Instinkt ... ach, nenn es doch einfach, wie du willst. Am Ende ist es irgendetwas, das in dir drinnen ist und gefühlt und gehört werden möchte.

Ich durfte die letzten Jahre so viel erleben und habe festgestellt, wie wichtig Selbstliebe, Selbstwert, Selbstvertrauen und Selbsterkenntnis sind.

Ich sitze und fliege hier auf meinem Teppich und schaue runter und möchte mit euch so gerne genau hier sein. Im Jetzt, in genau diesem Augenblick.

Die Vergangenheit haben wir ja bereits beleuchtet und haben so viele Erkenntnisse daraus gezogen, aber was ist denn jetzt, hier?

Was ist denn die Lösung? Wie wurde ich zu dieser Tania, die ich jetzt bin? Was kann ich euch mitgeben, damit ihr euren schweren Rucksack, den ihr jeden Tag von morgens bis abends auf euren Schultern tragt, mal ablegen oder etwas leichter machen könnt? Wie geht man etwas leichter und lustiger durchs Leben? Und wie bekomme ich mehr Selbstbewusstsein und Selbstwert?

Eines kann ich euch schon mal vorneweg sagen: Das gibt es alles nicht im Einkaufszentrum zu kaufen. Du findest die Lösung auch nicht, indem du ein Buch liest oder ein Seminar besuchst. Es wird auch nicht einfach über Nacht geliefert. Sondern das ist richtige Arbeit. Es ist Arbeit, die sich am Ende immer lohnt! Denn jede Arbeit, die du mit dir, für dich machst, ist gute Arbeit. Auch wenn sie im ersten Augenblick so richtig wehtut und man sich fragt, wofür ist dieser ganze Scheiß denn überhaupt?

Warum sollte ich das tun? Ich sage es dir, warum du das tun solltest. Weil du es wert bist! Weil du erkennen darfst, dass du etwas Besonderes, Einzigartiges und Wundervolles bist. Und du erst dann Frieden, Ausgeglichenheit oder Entspanntheit finden wirst, wenn du anfängst, dich mit dir selbst zu beschäftigen. Und das wiederum bedeutet, dass du aufhörst, die Lösungen immer bei den andern, oder im Außen, wie man heutzutage so schön sagt, zu suchen. Denn die wirkliche Lösung, der wirkliche Frieden, die wirkliche Ausgeglichenheit, die findest du nur und ausschließlich in dir drinnen. Wenn du das erkannt hast, dann erkennst du auch, was es bedeutet, wahren Frieden zu finden und zu haben.

Die Sache mit den Werten und woher sie kommen

Lass uns bei unserer Grundeinstellung anfangen, so als ob wir unser ganzes System auf Reset setzen würden.

Denn, wie bereits im ersten Teil beschrieben, wir gehen durch unser Leben und werden durch äußere Einflüsse geprägt. Bedingt durch Erziehung, Eltern, Familie, Freunde, Bekannte, Verwandte, Lehrer, Erzieher, Vorbilder, Soziale Medien, Bücher, Filme usw., da könnte man locker noch mal soviel aufzählen. Wir übernehmen Glaubenssätze und handeln danach, oft ohne darüber nachzudenken. Dadurch entsteht in uns ein Wertesystem: ein System, nach dem wir handeln und agieren, mit dem wir uns identifizieren und nach dem entscheiden, ob es uns gut geht oder eben nicht. Schau mal hier, nochmal verbildlicht:

WIE SICH EIN WERTESYSTEM ENTWICKELT

Frühe Prägung – Familie und Umfeld

- Schon in der Kindheit übernehmen wir unbewusst die Werte unserer Eltern oder Bezugspersonen.
- Auch das direkte soziale Umfeld (Geschwister, Freunde, Schule) spielt eine prägende Rolle.
- Was wir als »richtig« oder »falsch«, »gut« oder »schlecht« empfinden, wird zuerst durch Nachahmung und emotionale Bindung übernommen.

Kulturelle und gesellschaftliche Einflüsse

- Medien, Religion, Traditionen und gesellschaftliche Normen prägen unser Werteverständnis weiter.
- Diese Einflüsse sind oft subtil und wirken langfristig – z. B. durch Sprache, Rollenbilder oder Ideale.

Persönliche Erfahrungen

- Eigene Erlebnisse, Krisen, Erfolge oder Verletzungen führen dazu, dass Werte reflektiert und neu bewertet werden.
- Beispiel: Wer einmal erlebt, wie wichtig Ehrlichkeit ist, weil ihn eine Lüge schwer getroffen hat, wird diesen Wert besonders hochschätzen.

Bewusste Auseinandersetzung und Reifung

- Im Jugend- und Erwachsenenalter beginnt meist eine kritischere Auseinandersetzung mit übernommenen Werten.
- Philosophische Fragen (»Was ist mir wirklich wichtig?«) oder Begegnungen mit anderen Kulturen führen zu einer bewussteren Auswahl eigener Werte.

Das passiert einfach, ob man will oder nicht. Allerdings bist du ab einem bestimmten Alter dafür zuständig, was du zulässt und was nicht.

Fazit

Ein Wertesystem gleicht einem inneren Kompass. In der Kindheit wird er eingenordet – durch Familie, Kultur und Erziehung. Später müssen wir lernen, ihn neu zu justieren, wenn wir selbst durch unbekanntes Gelände navigieren.

Und genau darüber will ich jetzt mit dir reden.
Denn da beginnt das Leben!

WER DU WIRKLICH BIST

SELBSTWERT
SELBSTBEWUSSTSEIN
SELBSTLIEBE
SELBSTVERTRAUEN
SELBSTERKENNTNIS

Alle diese Dinge haben eines gemeinsam: das Wort SELBST ... und das bedeutet, dass alles bei dir selbst beginnt!

Wenn du also wirklich auf der Suche nach mehr Liebe, Vertrauen, Erkenntnis, Bewusstsein und Werten bist, dann findest du das alles in dir, weil, wie das Wort es schon sagt, bist du das alles selbst. Wahrscheinlich gehst du jetzt gerade innerlich auf die Barrikaden und denkst dir: »Ja, du bist witzig, das ist doch der Grund, warum ich dieses Buch lese, weil ich das das eben nicht habe, beziehungsweise nicht genug ausgeprägt habe.«

Genau!

Das habe ich irgendwann auch erkannt, aber ich habe auch erkannt, und das ist das Wichtige, dass das alles zusammenhängt. Alles ist ein Ganzes.

Es ist wie ein Mobile, du stößt ein Teilchen an und das ganze System verändert sich. Aber bevor du anfängst, irgendwelche praktischen Übungen zu machen, die ich dir übrigens noch erklären werde, geht es erstmal darum, zu verstehen, was es bedeutet, selbst zu sein.

Denn in erster Linie bedeutet es, dass du lernst auf dich zu hören und ein Gefühl dafür bekommst, wer oder was du bist, immer unabhängig davon, was andere davon halten oder sagen.

Das ist der Grund für den Titel dieses Buches. Ich meine nämlich natürlich nicht Yoga als Sportart. Darauf sollst du nicht scheißen. Sondern ich meine damit, scheiß auf das, was die anderen sagen. Scheiß drauf, was andere Menschen über dich denken. Scheiß drauf, wie das alles für andere aussieht. Es geht einzig und allein nur um dich und dein Gefühl dazu. Und wenn du erkannt hast, dass du selbst die Lösung von dem Ganzen bist, dann kannst du ohne Probleme fliegen, auch ohne, dass andere ihr Okay dafür geben. Das brauchst du nämlich nicht.

Du brauchst kein Okay von irgendjemanden im Außen, der dir sagt, du bist großartig, du bist gut, das ist schön, was du da machst. Das kommt automatisch, wenn du es selbst auch gut findest. Aber es sollte niemals der Grund dafür sein, dass du etwas tust. Der Grund, etwas zu tun oder etwas nicht zu tun, sollte einzig und allein immer aus dir herauskommen. Also, ich meine nicht belanglose Dinge wie Müll runterbringen. Nein, du weißt schon genau, was ich meine. Ich spreche von deinem Leben, Dinge, die du schon lange mal machen wolltest, Dinge, die du schon lange mal sagen wolltest, Dinge, die in dir brennen und die du dich nicht traust. Davon spreche ich. Und hierbei ist es enorm wichtig, dass du für dich erkennst, was dir guttut und was nicht.

Man könnte zum Beispiel auch sagen, was macht dich glücklich? Wirklich! Was ist es, was dich wirklich glücklich macht? Dazu denken wir einfach mal Zeit, Ort, Geld, Verpflichtungen und all das drum herum weg. Alles, was dich limitieren könnte, verschwindet jetzt einfach. Ist ja nur eine Übung. Überleg dir mal ganz genau, was ist es, das dich glücklich macht?

Weißt du, oft passiert es, dass Menschen gar nicht wissen, was sie glücklich macht. Entweder weil sie es vergessen haben oder weil sie sich noch nie bewusst damit befasst haben. Oder weil, und das ist leider sehr oft der Fall, man einfach übernimmt, was alle anderen glücklich macht, und sich total dabei vergisst. Es muss ja nichts Großes sein, manchmal sind es die kleinen Dinge, die dich glücklich machen. Manchmal sind es größere Dinge, manchmal ist es materiell und manchmal eben nicht. Aber es ist immer das, was du siehst und fühlst, und nicht das, was andere für dich sehen und fühlen! Und das selbst zu erkennen, ist der erste Schritt in die richtige Richtung. Und manchmal reicht da auch nur ein kleiner Perspektivwechsel. Ich habe da eine kleine Geschichte für dich.

DIE GESCHICHTE VOM ZERBROCHENEN SPIEGEL

In einem abgelegenen Dorf, wo der Wind durch alte Bäume flüsterte und die Zeit ein wenig langsamer verging, lebte ein junges Mädchen namens Mira. Von außen schien alles still in ihrem Leben – sie hatte ein Dach über dem Kopf, freundliche Nachbarn, genug zu essen.

Aber innen drin, in ihr, war es oft laut.

Eine innere Stimme begleitete sie:

»Du bist nicht gut genug.«
»Du solltest anders sein.«
»Du musst erst etwas leisten, um wertvoll zu sein.«

Diese Sätze kamen nicht von anderen – sie kamen von innen, genährt durch Blicke, Vergleiche, unausgesprochene Erwartungen.

In ihrem Zimmer hing ein alter Spiegel. Das Glas war gesprungen – ein feiner Riss zog sich durch die Mitte. Jeden Morgen stand Mira davor und suchte nach sich selbst. Doch das, was sie sah, erschien ihr immer irgendwie falsch, unvollständig. Obwohl die Menschen im Dorf sie mochten – für ihr Lächeln, ihre stillen Gesten, ihre freundliche Art – konnte Mira das nicht fühlen. Denn das Außen erreichte sie nicht, solange es innen leer war.

Eines Morgens kam eine alte Frau ins Dorf. Niemand wusste, woher sie kam. Sie trug einen langen dunkelblauen Mantel und roch nach Kräutern und Regen. Ihre Augen blickten weich und weit. Sie sah Mira auf einer Bank sitzen, in Gedanken versunken, die Hände um ihre Knie geschlungen. Die Frau setzte sich zu ihr. Sie sagte nicht viel. Nur: »Was fühlst du, wenn du an dich selbst denkst?« Mira schluckte. Eine Träne stieg in ihr hoch. »Meistens ... Scham. Zweifel. Dass ich nicht genug bin.« Die Frau nickte. »Weißt du ... was du im Spiegel siehst, ist nicht dein wahres Selbst. Es ist nur die Oberfläche. Dein wahres Spiegelbild liegt nicht im Glas – sondern in deinem Gefühl. In dem, wie du dir selbst begegnest.«

Dann zog sie aus ihrer Tasche einen kleinen Handspiegel. Er war schlicht, ohne Riss, aber das Besondere war: Auf der Rückseite stand in feiner Schrift: »Was du fühlst, ist wer du bist. Nicht, was andere sehen.« Sie reichte ihn Mira.

»Halte ihn in der Hand. Und dann: Schließ die Augen. Frag dich nicht, wie du aussiehst – frag dich, wie du dich fühlst. Was du brauchst. Was du vermisst. Und dann hör dir zu – so, wie du einer Freundin zuhören würdest.«

Mira tat es. Zum ersten Mal begegnete sie sich nicht mit Blicken, sondern mit Gefühl. Sie spürte, wie erschöpft sie davon war, sich ständig zu vergleichen. Wie schwer es war, sich selbst nie genug zu sein. Aber da war auch etwas anderes – eine kleine, ruhige Kraft. Ein inneres Flämmchen, das flackerte, aber brannte. Es war das Gefühl von: »Ich bin da. Ich bin ich. Und das reicht.«

Von diesem Tag an begann Mira, sich nicht mehr nur zu betrachten, sondern zu fühlen. Sie lernte, dass ihr Wert nicht in anderen Augen lag, nicht im Applaus, nicht im Bild im Spiegel. Sondern im Kontakt mit sich selbst.

In der Ehrlichkeit, mit der sie sich fragte: »Wie geht es mir gerade wirklich?«, »Was brauche ich – nicht um zu gefallen, sondern um zu leben?«, »Darf ich mich lieben, auch wenn ich gerade unsicher bin?«

Der alte, gesprungene Spiegel hing noch an der Wand.

Aber irgendwann sah Mira ihn nur noch an, um sich zu erinnern.

Fazit

Das Außen kann lügen.
Das Gefühl in ihr ist echter als jedes Bild.
Selbstliebe ist kein Ziel – sondern eine tägliche Rückkehr nach innen.
In diesen Handspiegel zu schauen, bedeutet Verbindung zu sich selbst zu haben und zu sich selbst zu finden. Und deshalb ist es so wichtig, sich damit zu beschäftigen was dich glücklich macht.

DIE SUCHE NACH DEM EIGENEN GLÜCK

Über das Thema Glück haben wir ja schon gesprochen und auch schon gelernt, was es bedeutet, glücklich zu sein.

Glücklich sein bedeutet, glauben zu können, vertrauen zu können. Und das wiederum bedeutet, etwas nicht zu wissen und es dennoch zu glauben.

Und da wir in diesem Buch lernen wollen, wie wir glücklich sein können, ohne ins Yoga zu gehen ☺, fliegen zu können, ohne OMMMMMMM zu machen, ist es extrem wichtig zu erkennen, dass wir selbst dafür verantwortlich sind, uns glücklich zu machen.

Da ist es wieder: das Wort SELBST.

Es ist wundervoll und einzigartig, wenn wir von außen glücklich gemacht werden, dafür könnt ihr so dankbar sein. Nun dürft ihr ON TOP noch lernen, wie es ist, sich selbst glücklich zu machen. Denn wenn ihr das erreicht habt – und Achtung, ganz wichtig: wenn ihr das erreicht habt und euch glücklich macht!

OHNE EIN SCHLECHTES GEWISSEN DABEI ZU HABEN! – dann, meine sehr geehrten Damen und Herren, seid ihr auf einem verdammt guten Weg, euch zu finden.

Und da ich immer wieder erlebe, dass Menschen nicht wissen, was sie glücklich macht, machen wir hier nun folgende Übung.

Schreibe dir hier auf dieser Seite 10 Sachen auf, die dich glücklich machen.

1. ______________________

2. ______________________

3. ______________________

4. ______________________

5. ______________________

6. ______________________

7. ______________________

8. ______________________

9. ______________________

10. ______________________

Diese 10 Dinge sind ab jetzt sehr wichtig für dich. Denn hier hast du jetzt aufgeschrieben, was dich glücklich macht, beziehungsweise was dein Herz mit guter Energie füllt. Peng, und schon haben wir das erste wirklich spirituelle Thema hier: Energie.

Kleiner Exkurs – Was ist Energie?

Ich möchte dir ganz kurz erklären, was Energie in dem Fall bedeutet, weil wir ab jetzt immer wieder darüber sprechen werden.

Energie ist ein Begriff, der uns aus der Wissenschaft vertraut ist. Es ist die Fähigkeit, Arbeit zu verrichten, Bewegung zu erzeugen oder Veränderungen herbeizuführen. Energie ist überall um uns herum: in der Bewegung eines fahrenden Autos, im warmen Licht der Sonne, im Strom, der unsere Geräte antreibt, oder in der Nahrung, die wir essen.

Die Physik unterscheidet verschiedene Formen von Energie: Bewegungsenergie, auch kinetische Energie genannt, Lageenergie oder potenzielle Energie, Wärmeenergie, elektrische und chemische Energie. Eine wichtige Erkenntnis dabei ist, dass Energie niemals verloren geht. Sie kann nicht einfach verschwinden, sondern wird immer nur von einer Form in eine andere umgewandelt. Wenn wir zum Beispiel laufen, verwandelt unser Körper die Energie aus der Nahrung in Bewegungsenergie. Wenn wir ein Licht einschalten, wird elektrische Energie in Licht- und Wärmeenergie umgewandelt.

Sich das bewusst zu machen, hilft uns, die Welt als ein großes, dynamisches System zu begreifen, in dem alles miteinander verbunden ist und nichts stillsteht. Alles ist in Bewegung, alles lebt von Energie. Doch Energie ist nicht nur eine Größe, die man messen kann, sie ist auch ein Gefühl. Etwas, das wir in uns selbst und in unserer Umgebung spüren. Vielleicht kennst du das Gefühl, wenn du mit Freunden zusammen bist, die dir guttun – du fühlst dich lebendig, leicht und inspiriert. Oder wenn du etwas machst, das dir Freude bereitet, dann scheint sich deine innere Kraft fast von selbst zu erneuern. Das nennen wir oft gute Energie.

Auf der anderen Seite gibt es Momente, in denen wir erschöpft sind, innerlich schwer oder traurig – dann fühlen wir, dass wir schwächer werden, als wäre unsere Energie weniger geworden.

Diese innere, emotionale Energie ist nicht messbar wie Strom oder Wärme, aber genauso real. Sie zeigt sich in unserer Stimmung, unserer Ausstrahlung, unserem Handeln. Sie ist das, was uns antreibt oder uns bremsen kann. Und genau um diese Energie geht es. Um dieses komische Etwas, das wir nicht sehen, aber spüren, und das einfach überall ist und alles und jeden beeinflusst.

Ich gebe dir ein Beispiel dazu, wie deine Energie das Ergebnis beeinflusst, ein Beispiel, das man gut greifen kann und das du bestimmt kennst.

Stell dir vor, du möchtest einen Kuchen backen. Du hast alle Zutaten bereitgestellt und das Rezept vor dir. Wenn du mit guter Laune und voller Freude backst, fühlst du dich entspannt, kreativ und motiviert. Du bist aufmerksam beim Mischen der Zutaten, genießt den Duft des Teigs und die Zeit, die du dir nimmst. Vielleicht singst du sogar leise ein Lied dazu.

In diesem Moment ist deine innere Energie – deine gute Stimmung, deine Leichtigkeit – spürbar. Sie macht das Backen zu einem schönen Erlebnis und oft schmeckt der Kuchen so besonders gut, weil du mit Liebe und positiver Energie dabei warst.

Backst du aber mit schlechter Laune, bist gestresst, ungeduldig oder sogar wütend, spürst du vielleicht, wie sich diese Energie auf deine Handlungen auswirkt. Du bist unkonzentriert, hast vielleicht nicht so viel Freude am Prozess und willst die Aufgabe nur schnell erledigen. Die innere Energie, die du mitbringst, verändert das Backen und oft auch den Kuchen. Vielleicht schmeckt er etwas weniger gut, oder es fehlt ihm diese besondere Leichtigkeit.

Dieses Beispiel zeigt uns:

Es ist nicht nur das Rezept oder die Zutaten, die das Ergebnis bestimmen, sondern auch die Energie, mit der wir eine Sache angehen. Unsere innere Stimmung und Einstellung färben alles, was wir tun. Gute Energie macht unser Tun lebendiger, erfüllter und oft auch erfolgreicher.

Ich gebe dir noch ein Beispiel:

Stell dir vor, du möchtest ein Geschenk verpacken. Du hast das Papier, das Band und die Schleife bereitliegen. Wenn du das Geschenk mit guter Laune und Freude verpackst, bist du liebevoll und achtsam dabei. Du denkst vielleicht an die Person, die das Geschenk bekommen wird, und stellst dir vor, wie sie sich freuen wird. Deine Hände arbeiten behutsam, und jede Falte des Papiers legst du sorgfältig.

In diesem Moment fließt deine positive Energie in das Geschenk mit hinein. Es wird nicht nur äußerlich schön, sondern trägt auch diese liebevolle Stimmung in sich.

Verpackst du das Geschenk jedoch mit schlechter Laune – gestresst, genervt oder müde – dann ist deine Energie ganz anders. Du bist vielleicht hastig, die Arbeit fühlt sich schwer an, und deine Gedanken sind woanders.

Auch wenn das Geschenk äußerlich gleich aussieht, spürst du beim Schenken oft, dass etwas fehlt. Die negative Energie, die beim Verpacken dabei war, beeinflusst die Atmosphäre.

Kannst du dir vorstellen, dass das so ist?

Und noch ein letztes Beispiel:

Wie deine Energie das Wachstum beeinflusst. Stell dir vor, du arbeitest in deinem Garten. Du gießt die Blumen, kümmerst dich um die Beete und pflanzt neue Setzlinge.

Wenn du diese Arbeit mit guter Laune, Geduld und liebevoller Aufmerksamkeit ausführst, bist du achtsam bei jedem Handgriff. Du spürst die Erde zwischen den Fingern, beobachtest die Pflanzen genau und gibst ihnen genau das, was sie brauchen. Vielleicht sprichst du sogar sanft mit den Blumen oder genießt einfach den Moment in der Natur. Diese positive Energie wirkt sich auf die Pflanzen aus: Sie wachsen kräftiger, blühen schöner und strahlen Vitalität aus. Deine liebevolle Pflege spiegelt sich in ihrer Lebendigkeit wider. Erledigst du die Gartenarbeit dagegen gestresst oder ungeduldig, machst du die Aufgaben schnell und mechanisch. Du bist weniger aufmerksam, übersiehst vielleicht wichtige Details und die Pflanzen bekommen nicht die nötige Fürsorge. Das spiegelt sich langfristig in ihrem Wachstum wider – die Blumen blühen weniger prächtig und wirken weniger gesund.

Auch wenn wir nicht glauben, dass mit Pflanzen zu sprechen auch nur im Geringsten eine Wirkung zeigt, ist es eben nicht so. Es gibt so viele Studien, die das Gegenteil belegen, und wenn du magst, dann probiere es doch einfach mal aus … und ich bin mir sicher, du wirst erstaunt sein, was deine Worte alles bewirken können. So ein Eigenversuch hat schon manch einen dazu gebracht, an Dinge zu glauben, die man davor nicht geglaubt hat.

Du kannst dir sicher sein, Energie ist überall und alles ist Energie. Du selbst kannst entscheiden, ob du sie benutzt oder nicht. Aber weißt du, was ich persönlich merke, und das meine ich wirklich vollkommen ernst: Umso erfolgreicher ein Mensch ist (und ja, wir können uns jetzt tatsächlich darüber streiten, was Erfolg ist ☺), umso spiritueller ist er. Mit spirituell meine ich an dieser Stelle, dass diese Person nicht nur auf die sachliche Ebene achtet, sondern im Gegenteil viel mehr auch auf alles andere. Ganz vorneweg, auf die Energie.

DER ERFOLG UND WIE DU IHN DEFINIERST

Lass uns aber kurz über das Thema Erfolg sprechen. Wann ist für Dich jemand erfolgreich? Womit hängt das deiner Meinung nach zusammen? Da gibt es ja so viele Ansätze und meine Definition davon muss ja nicht zwangsläufig auch deine Definition sein.

Hier mal eine allgemeine Definition:

Erfolg bezeichnet das Erreichen eines angestrebten Ziels oder einer gewünschten Wirkung. Es ist das positive Ergebnis von Bemühungen, Handlungen oder Entscheidungen – unabhängig davon, ob es sich um persönliche, berufliche, gesellschaftliche oder kreative Ziele handelt. Doch Erfolg ist mehr als das nüchterne Erreichen von Zielen. Er trägt viele Gesichter und spiegelt sich in ganz unterschiedlichen Lebensentwürfen wider.

Fazit

Erfolg bedeutet mehr, als ein Ziel zu erreichen – er entsteht, wenn wir unseren eigenen Weg gehen, im Einklang mit dem, was uns wirklich wichtig ist.

Und da wir ja hier gerne und viel über Gesellschaft sprechen, ähhh, schreiben, möchte ich euch auch noch etwas zu gesellschaftlichen Erfolgsbildern erzählen, also dazu, was die Gesellschaft als Erfolg bezeichnet.

Was »normaler« Erfolg bedeutet, wird stark von gesellschaftlichen Bildern beeinflusst – meist unbemerkt, oft schon von Kindheit an. In einer Welt, die Leistung hoch bewertet und Vergleichbarkeit zum Maßstab macht, gelten äußere Merkmale wie Statussymbole, beruflicher Aufstieg, materieller Wohlstand, öffentliche Anerkennung oder körperliche Attraktivität als Zeichen eines »gelungenen Lebens«.

Diese Bilder begegnen uns überall: in der Werbung, in Filmen, in den sozialen Medien und im Alltag. Sie erzeugen ein Ideal, das scheinbar klar definiert, was erstrebenswert ist. Erfolg wird dadurch vor allem sichtbar, messbar und quantifizierbar gemacht. Likes, Titel, Einkommen und Reichweite werden zu modernen Gradmessern für Wert und Bedeutung. Doch genau diese starren Normen üben Druck aus – und lassen dabei wenig Raum für persönliche Definitionen, leise Lebenswege oder individuelle Maßstäbe. Wer sich ständig mit äußeren Erwartungen misst, läuft Gefahr, sich selbst aus den Augen zu verlieren.

Was für den einen der berufliche Aufstieg, finanzielle Unabhängigkeit oder öffentliches Ansehen ist, bedeutet für den anderen vielleicht innere Ruhe, erfüllte Beziehungen oder einfach das Gefühl, das Richtige zu tun. Erfolg ist kein objektiver Zustand, den man eindeutig messen oder vergleichen kann – er ist zutiefst subjektiv. Vielleicht liegt seine wahre Bedeutung nicht allein im Resultat, sondern im Weg dorthin: im Dranbleiben, im Lernen aus Rückschlägen, im Mut zur Veränderung und im Vertrauen in sich selbst. Erfolg entsteht oft dort, wo äußere Erwartungen auf innere Klarheit treffen. Und manchmal zeigt er sich leise – nicht in Applaus oder Anerkennung, sondern in der stillen Zufriedenheit, sich selbst treu geblieben zu sein.

Zack, und schon sind wir genau wieder bei dem Thema, um das es in diesem Buch eigentlich geht. DAS AUSSEN – DIE GESELLSCHAFT, die uns sagt, wie etwas zu sein hat.

Wir waren allerdings bei der Energie … und der Spiritualität und was die mit Erfolg zu tun hat. Denn für mich ist es ganz einfach: Erfolg bedeutet für mich, glücklich zu sein. Und nur du kannst bestimmen, was es für dich bedeutet, glücklich zu sein. Also was genau in das Paket gehört, damit du glücklich bist. Und da es ja nun wie ein Puzzle ist, setzen wir es zusammen. Erfolgreiche Menschen sind spirituell. Spiritualität bedeutet mehr Innen- als Außenenergie. Erfolgreich sein bedeutet, auf Energie zu achten.

Hört sich erst mal sehr einfach an und man könnte sagen: »Ja, ist klar, ich achte auf die Energie und dann bin ich erfolgreich.«

Und ich kann euch sagen, es ist ein sehr großer Teil davon.

Gute Energie im Inneren und im Äußeren sind maßgeblich daran beteiligt, ob du mit deinem Vorhaben Erfolg hast oder nicht. Und das Krasse daran ist, dass es gar nicht so tief spirituell ist, denn im Grunde geht es hier nur darum, dass du anfängst, auf dich und dein Inneres zu achten.

So, genau das ist es, auf dich zu achten und auf dich zu hören. Und hier gilt für mich, dass Erfolg ja auch bedeutet, dass du dich zum Beispiel endlich traust, etwas Bestimmtes zu tun oder zu sagen, dass du dieses oder jenes nicht mehr willst. Oder dich traust, bei der Arbeit mal den Mund aufzumachen oder gar den Arbeitsplatz zu wechseln.

Das alles ist für mich auch Erfolg. Alles, was dich glücklich macht, ist Erfolg.

Und wenn wir schon dabei sind, dann können wir auch gerne noch tiefer gehen, denn so erklärt sich auch der Titel des Buches: Solange du durch YOGA oder irgendetwas anderes im Außen versuchst, dein Glück zu finden, wirst du nicht glücklich werden, denn das wahre Glück findest du nicht im Außen, in keinem Kurs, in keinem Retreat und auch in keinem Seminar, das wahre Glück findest du in Inneren in dir, weil es auch einfach schon lange da ist.

Verstehe mich bitte nicht falsch! Jede Yoga-Stunde, jedes Retreat und jedes Seminar hat seine Daseinsberechtigung, so viele Menschen erkennen dort, was sie brauchen und wohin es gehen soll. Aber der Anfang oder das Ende, wie auch immer du das sehen willst, ist in DIR, im Inneren von dir. Das heißt, wenn du Yoga machst, weil du es magst und es dir guttut, mega, mach weiter, aber merke dir, das wahre Glück ist in dir drinnen. Wenn du gern auf ein oder mehrere Retreats gehst, dann mach das, herrlich, wenn es dir guttut, aber merke dir immer, das wahre Glück ist in dir drinnen. Und wenn du das 120. Seminar besuchst und es dir guttut, dann mach es weiterhin, aber merke dir, das wahre Sein ist in dir drinnen.

Und bei all dem, was du tust, und das ist das Allerwichtigste überhaupt, denk daran: Mache es immer, weil du es machen möchtest, weil du das Gefühl hast, dass es dir guttut, weil du es gerne machst, weil du dich danach besser fühlst, aber mache es niemals, weil andere sagen, dass du es machen musst.

Weil andere sagen, es ist das Einzige, was dich glücklich machen wird. Weil andere sagen, es wird dein Leben verändern. Weil andere sagen, bla bla bla.

Mach dich auf den Weg zu dir und dann wirst du erkennen, was es ist, das du im Außen brauchst, und dann kannst du fliegen, ganz ohne OMMM, das verspreche ich dir.

Fazit

Der Weg zum wahren Glück beginnt immer bei dir, denn alles, was du dazu brauchst, ist bereits in dir. Du darfst lernen es zu erkennen und zu pflegen, bis es zu einer Selbstverständlichkeit wird.

VOM TRAUM ZUR MANIFESTATION

Und klar, jetzt kommt natürlich die alles entscheidende Frage: Aber wie komme ich denn zu mir? Was muss ich denn dafür tun? Wir haben oben schon damit angefangen die ersten Schritte zu gehen. Du hast dir aufgeschrieben, was dich glücklich macht. Und was dir »gute« Energien bringt und was eher nicht.

Und genau das ist der Anfang. Sich damit zu beschäftigen, was einen glücklich macht, ist der erste Schritt nach innen, hört sich jetzt erst mal sehr banal an, aber genau das ist es: sehr banal. Du wirst im Laufe der nächsten Seiten erkennen, wie banal es ist, aber gleichzeitig, wie schwer es auch sein kann.

Wenn du dich wirklich damit beschäftigst, und nicht nur so banale Sachen reingeschrieben hast, wie Musik hören oder spazieren gehen. Nein, wirklich explizite, besondere, auf dich persönlich zugeschneiderte Sachen, dann hast du schon richtig angefangen, dich mit dir zu beschäftigen. Wenn du jetzt den Impuls verspürst zurückzublättern und die 10 Sachen nochmal anzuschauen und vielleicht zu korrigieren. Nur zu! Wir haben alle Zeit der Welt. Kein Druck und kein Zeitlimit, denke genau und intensiv darüber nach, was dich wirklich glücklich macht. Was ist es, das dein Herz füllt und dich so viel besser fühlen lässt? Es muss nichts sein, was du schon gemacht hast, vielleicht ist es auch eine Vorstellung von etwas, das dich glücklich macht. Eine Vorstellung, die du dir verboten hast zu träumen. Oder die dir die Gesellschaft abspricht, weil man sowas nicht macht oder eben anders macht.

Wir haben verlernt zu träumen, dabei ist es so wichtig. Und das meine ich wirklich so. Unser Verstand hat sich einfach auf unsere Fantasie gelegt und wir haben aufgehört zu träumen. Dazu möchte ich gerne etwas ausholen, weil es sehr wichtig ist, das zu verstehen. Ich erkläre am Schluss auch warum.

Was bedeutet es denn zu träumen? Erstmal in der Nacht, aber auch am Tag.

Träumen – das klingt zunächst nach dem, was wir nachts erleben, wenn wir schlafen. Bilder, Gefühle, oft wirr und schwer greifbar. Tatsächlich zeigen Studien, dass unser Gehirn gerade in der sogenannten REM-Schlafphase besonders aktiv ist. Es verarbeitet Eindrücke, sortiert Emotionen, spielt Erlebtes durch, kombiniert es neu – manchmal bizarr, manchmal berührend echt. Wissenschaftler gehen davon aus, dass Träume dabei helfen, emotionale Erfahrungen zu integrieren und das Nervensystem zu entlasten.

Doch Träumen endet nicht mit dem Aufwachen. Im Gegenteil: Gerade die Tagträume, Wünsche und inneren Visionen sind es, die uns durchs Leben tragen. Sie zeigen uns, was möglich wäre. Sie verbinden uns mit dem, was uns wirklich wichtig ist. In der Psychologie spricht man davon, dass solche Träume – also unsere Vorstellungen von dem Leben, das wir gern führen würden – eine zentrale Rolle in unserer Entwicklung spielen. Sie motivieren, geben Richtung, halten uns beweglich. Und doch wird träumen in unserer Gesellschaft oft unterschätzt. Wir sollen realistisch sein, vernünftig, zielorientiert. Tagträume gelten schnell als Zeitverschwendung oder Flucht. Dabei ist träumen alles andere als naiv, es ist vielmehr der Anfang von allem. Jede Veränderung, jeder große Schritt, jedes innere Wachstum beginnt mit einem Gedanken, einem Bild, einer leisen Ahnung: Es könnte auch anders sein.

Träumen bedeutet, sich innerlich auszudehnen – über das Jetzt hinaus. Es ist ein kreativer, mutiger Akt. Denn wer träumt, öffnet sich, für Möglichkeiten, für andere Wege, für das eigene Potenzial. Und genau darin liegt der erste Schritt zu jeder echten Affirmation: Nur was ich mir vorstellen kann, kann ich auch glauben. Und nur was ich glaube, kann ich ins Leben holen.

Das ist das Allgemeine, das du überall nachlesen kannst, aber was bedeutet es konkret? In der Nacht, wenn wir keine Kontrolle über unseren Verstand haben, lassen wir los und träumen und verarbeiten Dinge, lassen Emotionen nach oben kommen, die wir am Tag zum Beispiel nicht hochkommen lassen, empfinden Glück, Leidenschaft, komische Emotionen und haben keinerlei Kontrolle darüber. Die Wissenschaft sagt, dass das ein Automatismus unseres Körpers ist und uns hilft Sachen zu verarbeiten. Das heißt, unser Geist therapiert sich in der Nacht selbst. Deshalb könnte man daraus schließen, dass Schlaf aus dem Grund so essenziell ist. Ohne Schlaf kannst du nicht überleben! Und Schlafentzug ist eine der schlimmsten Foltermethoden überhaupt. Durfte ich ja nach der Geburt unserer ersten Tochter ganze zwei Jahre erleben! ☺ Interessanterweise gibt es auch Menschen, die behaupten, sie würden nicht träumen. Aber jeder Mensch träumt.

Hier die ausführliche Erklärung:

WAS SAGT DIE WISSENSCHAFT?

Alle gesunden Menschen durchlaufen beim Schlafen mehrere sogenannte REM-Phasen (Rapid Eye Movement), in denen das

Gehirn besonders aktiv ist – und in genau diesen Phasen träumen wir. Das wurde durch EEG-Messungen und Schlafforschung eindeutig belegt. Sogar Menschen, die behaupten, nie zu träumen, zeigen im Schlaf dieselben Gehirnaktivitäten wie andere – nur ohne bewusste Erinnerung.

Warum erinnern sich manche Menschen nicht an ihre Träume?

Es gibt verschiedene Gründe dafür:

- Schlafunterbrechung: Wer direkt nach der REM-Phase aufwacht, erinnert sich eher.
- Tiefer Schlaf oder Stress: Zu tiefer Schlaf, Medikamente oder psychischer Druck können die Traumerinnerung unterdrücken.
- Fehlende Aufmerksamkeit: Wer nie bewusst auf seine Träume achtet, trainiert das Gehirn nicht, sie »abzuspeichern«.
- Neurobiologische Unterschiede: Manche Menschen haben ein aktiveres »Traumgedächtnis« – andere nicht.

Man kann Traumerinnerung trainieren:

- Traumtagebuch führen (direkt nach dem Aufwachen notieren)
- Sich abends vornehmen: *»Ich möchte mich an meinen Traum erinnern.«*
- Morgens ein paar Minuten im Bett liegen bleiben und bewusst nachspüren.

Fazit

Jeder Mensch träumt – auch wenn es sich manchmal nicht so anfühlt. Träumen ist eine natürliche Funktion unseres Gehirns, keine »Fähigkeit«, die man verlieren kann.
Wer sich nicht erinnert, hat die Tür einfach nur leicht angelehnt – sie lässt sich wieder öffnen.

Wie krass ist das, dass unser Körper so eine Art Nachttherapie eingebaut hat, bewusst oder unbewusst verarbeiten wir unsere am Tag gelebten Emotionen in der Nacht. Und gleichzeitig verbieten wir es uns, das tagsüber zu machen. Wisst ihr, wer das noch gut kann? Ja, genau, diese kleinen Menschen, die Kinder!

Kinder träumen, und zwar am liebsten den ganzen Tag. Sie spielen in ihrer Fantasiewelt, bauen draußen im Freien, malen, kneten, basteln, alles das sind Vorstellungen, die davor Träume waren und dann zu Material gemacht werden. Geschichten die sie sich ausdenken: Einhörner, Feen, Elfen, aber auch Superman, Cowboys, Transformers, egal, was. Es ist immer eine Vision, ein Traum dabei, den sie im Rahmen der Möglichkeiten umsetzen. Nur wir Erwachsene, wir haben das irgendwann abgelegt und machen es nur noch ganz selten, um nicht zu sagen so gut wie nie.

Wir dürfen wieder lernen zu träumen, und zwar auch tagsüber, und ich sage dir auch warum.

DER UNTERSCHIED ZWISCHEN TAG- UND NACHTTRAUM

Warum es wichtig ist, auch tagsüber zu träumen:

Tagträumen ist kein Luxus. Es ist eine leise, kraftvolle Fähigkeit, die uns mit etwas verbindet, das im Lärm des Alltags oft untergeht: unserem inneren Raum. In einer Welt, die ständig Leistung fordert, To-do-Listen schreibt und Ziele abhakt, wirkt das Träumen fast wie ein Widerstand, aber ein heilsamer. Träumen eröffnet einen Raum, in dem nichts bewertet wird und nichts bewiesen werden muss.

Denn Tagträume sind keine Flucht. Sie sind ein Ankommen bei dem, was in uns lebt, bevor es jemand anders sieht. In Tagträumen spüren wir, was uns wirklich wichtig ist. Wir erkennen, was uns fehlt, was uns ruft, was uns begeistert – oft lange bevor es uns bewusst ist. Es ist, als würde die Seele ein Bild malen, bevor der Verstand es begreift.

Diese Bilder, diese inneren Visionen, sind nicht einfach nur Hirngespinste. Sie sind eine Vorschau auf das, was möglich ist, wenn wir den Mut haben, ihnen zu folgen. Wer träumen kann, öffnet sich. Für neue Wege, neue Gedanken, neue Entscheidungen. Es ist wie ein inneres Training: Wir probieren aus, ohne Risiko. Wir fühlen hinein, ohne Druck. Wir spielen mit Möglichkeiten – und genau daraus entsteht oft etwas sehr Echtes.

Viele der schönsten Ideen, Wenden oder inneren Durchbrüche beginnen nicht mit einem klaren Ziel. Sie beginnen mit einem Tagtraum. Mit einem »Was wäre, wenn …?«

Darum ist Tagträumen so wertvoll: Es holt uns aus der engen Spur der Vernunft und erinnert uns daran, dass wir nicht nur funktionieren, sondern fühlen dürfen. Nicht nur planen, sondern spüren. Nicht nur reagieren, sondern gestalten.

Und vielleicht ist das die größte Kraft, die im Träumen liegt: Dass es uns lehrt, nicht sofort zu wissen, *wie* etwas geht – sondern uns zu erlauben, *dass* es gehen darf.

Fazit

Tagträume sind keine Zeitverschwendung, sondern innere Wegweiser. Sie zeigen uns, was in uns lebt, bevor wir Worte dafür finden. Wer sich erlaubt zu träumen, gibt seiner Seele Raum und öffnet sich für Möglichkeiten, die der Verstand allein nie erreichen würde. Träumen ist kein Rückzug aus dem Leben, sondern ein leiser Schritt auf uns selbst zu.

AFFIRMIEREN

Und ich würde sogar so weit gehen, dass ich mir am Tag eine bestimmte Anzahl an Minuten einplane, in denen ich nichts mache, sondern mich irgendwo hinsetze und träume. Hört sich komisch an, ich verstehe das, aber jetzt kommt die Begründung, jetzt kommt das Warum, denn die Tagträume sind die Grundvoraussetzung für das Affirmieren.

Ich möchte dir zeigen, wie du mit mehr Leichtigkeit und Freude durchs Leben gehst. Wie es sein darf und welche Werkzeuge ich dazu benutze.

Wir haben schon gelernt, wie wichtig Energie und Glück ist, wie wichtig es ist, sich mit sich selbst zu beschäftigen und jetzt kommen wir zum Thema Affirmation. Ganz viel spielt sich in dir drinnen ab, und wenn du in der Lage bist, Sachen zu fühlen und zu erkennen, ist das schon der erste Schritt in die richtige Richtung. Du bekommst von mir einen Baukasten, also viele Werkzeuge, die ich benutze und du kannst dir einfach raussuchen, was du davon nimmst, was gut bei dir ankommt und was du lieber nicht machst. (Wahrscheinlich wird das, was du am wenigsten machen willst, das sein, was du am meisten brauchst, ☺ wollte ich nur mal gesagt haben). Was ich als Methode schon seit über 25 Jahren benutze, ist das Affirmieren, und zwar immer wieder und ständig.

Hier die Erklärung dazu:

Affirmieren bedeutet, sich selbst bewusst positive, stärkende Gedanken zu geben – in Form klarer, einfacher Sätze. Sätze, die daran erinnern, wer wir wirklich sind, was wir glauben dürfen und wie wir mit uns selbst umgehen wollen. Es ist eine Praxis, bei der du dich innerlich neu ausrichtest: weg vom Zweifel, hin zur Zuversicht. Weg von alten Mustern, hin zu neuer, innerer Wahrheit. Aber damit Affirmationen mehr sind als bloße Worte, brauchen sie einen Ort, an dem sie wirken können. Und dieser Ort ist dein Unterbewusstsein.

Unser Unterbewusstsein ist wie ein stiller Speicher: Es merkt sich nicht nur Fakten, sondern vor allem Überzeugungen, Gefühle und Muster. Viele der Dinge, die wir über uns selbst glauben – ob wir uns für »gut genug« halten, ob wir vertrauen, loslassen oder immer kämpfen – stammen nicht aus dem bewussten Denken. Sie wurden über Jahre im Unterbewusstsein gespeichert, durch Erfahrungen, Worte, Wiederholungen. Genau hier setzt Affirmation an. Sie spricht nicht zum Verstand, sondern zur inneren Tiefe.

Mit jeder Wiederholung pflanzt du einen neuen Gedanken in diesen Raum wie einen Samen in die Erde. Anfangs fühlt es sich vielleicht fremd an, fast wie eine Lüge. *»Ich bin genug«* klingt dann wie ein Satz, den man zwar gern glauben würde, aber noch nicht fühlen kann. Und das ist in Ordnung.

Das Unterbewusstsein reagiert nicht auf Perfektion, sondern auf Wiederholung, Gefühl und Absicht. Je öfter du dir selbst mit liebevollen, klaren Worten begegnest, desto mehr beginnt dein inneres System, diese neue Wahrheit zu akzeptieren. Du überschreibst nicht sofort alles, aber du fügst etwas hinzu: eine neue Möglichkeit, ein neues Selbstbild, einen neuen Tonfall in deinem Denken. Affirmationen helfen dir also, neue Spuren im Unterbewusstsein zu legen. Spuren, die dich nicht mehr kleinhalten, sondern an dein Potenzial, an deine Würde, an deinen Mut erinnern.

Wie formuliere ich eine wirkungsvolle Affirmation?

Damit eine Affirmation wirklich wirken kann, also tief in deinem Unterbewusstsein ankommt und dich im Alltag begleitet, ist es wichtig, wie sie formuliert ist. Es geht nicht darum, sich irgendetwas »einzureden«, sondern darum, einen Satz zu finden, der sich für dich möglich, unterstützend und stimmig anfühlt.

Hier ein paar einfache, aber kraftvolle Grundregeln für eine gute Affirmation:

1. In der Gegenwart formuliert

Das Unterbewusstsein denkt nicht in Zukunftsformen – es reagiert auf das, was jetzt ist. Statt also zu sagen »Ich werde selbstbewusst sein«, sage:

- »Ich bin selbstbewusst.«
- »Ich erlaube mir, ganz ich selbst zu sein.«

2. Positiv ausgedrückt

Sag, was du möchtest, nicht, was du nicht möchtest. Unser inneres System verarbeitet Verneinungen nicht gut. Statt »Ich habe keine Angst« lieber:

- »Ich bin ruhig und sicher.«
- »Ich vertraue dem Leben.«

3. Einfach, klar, fühlbar

Weniger ist mehr. Eine Affirmation muss kein poetisches Kunstwerk sein. Sie darf simpel, aber ehrlich sein. Je einfacher, desto eher kann dein Unterbewusstsein andocken:

- »Ich bin genug.«
- »Ich darf loslassen.«
- »Ich bin verbunden mit meiner Kraft.«

4. Möglich statt perfekt

Wähle Formulierungen, die du innerlich zulassen kannst. Wenn sich »Ich liebe mich« noch zu groß anfühlt, darf es auch heißen:

- »Ich bin bereit, mich selbst liebevoll anzunehmen.«
- »Ich öffne mich für Mitgefühl – auch für mich selbst.«

BEISPIELE FÜR AFFIRMATIONEN (JE NACH THEMA):

Selbstwert:

- »Ich bin genug, genauso wie ich bin.«
- »Ich darf meinen Platz einnehmen.«

Loslassen & Vertrauen:

- »Ich lasse los, was ich nicht mehr tragen muss.«
- »Ich vertraue dem Prozess meines Lebens.«

Mut & Veränderung:

- »Ich gehe meinen Weg Schritt für Schritt.«
- »Ich darf Neues wagen – in meinem Tempo.«

Liebe & Selbstannahme:

- »Ich begegne mir selbst mit Freundlichkeit.«
- »Ich bin ein liebevoller Raum für mich selbst.«

Fazit

Eine Affirmation ist kein Zaubersatz, sie ist eine innere Entscheidung. Wähle Worte, die dich stärken, nicht überfordern. Lass sie wie eine sanfte Stimme in deinem Inneren sein. Nicht laut, nicht perfekt, aber wahrhaftig.

Und wenn du sie täglich mit deinem Tagtraum verbindest, entsteht daraus ein leises, kraftvolles Ritual: Ein Gedanke, der dich erinnert. Ein Satz, der dich trägt. Und ein Gefühl, das langsam beginnt, deine Realität zu verändern.

Ich affirmiere seit über 20 Jahren täglich. Man sagt ja, mach etwas 21 Tage, dann wird es zur Routine und du machst es nebenher, ohne zu merken, dass du es tust. Und das wollte ich damit auch erreichen, es in meinen Tagesablauf integrieren. Ich habe mir verschiedene Affirmationen zurechtgebastelt, die ich in verschiedenen Situationen hochhole. Auch um gewissen Sachen gleich entgegenzuwirken.

Denn eins ist klar, nur weil ich erfolgreich bin und auf Bühnen stehe und mir tausende von Menschen zuhören, heißt das noch lange nicht, dass ich keine Dämonen habe. Gleich auf den ersten Seiten habe ich euch erzählt, um so größer der Erfolg, desto größer die Angst, die damit einhergeht!

Und ich habe euch auch versprochen ehrlich zu sein und das bin ich, denn ihr wisst doch: Versprochen ist versprochen und wird auch nicht gebrochen!

Wenn ich zum Beispiel merke, dass ich meine Geduld verliere, habe ich eine Affirmation, die ich sofort hochhole. Ich bin glücklich, zufrieden und ausgeglichen ... ich bin glücklich zufrieden und ausgeglichen ... in Dauerschleife!

Ich beschreibe euch hier den Idealfall, ich bin weder heilig noch bin ich unfehlbar, im Gegenteil, der Anteil in mir mit Emotionen ist sehr laut und voll und impulsiv.

Manchmal bin ich so in Rage, dass ich es gar nicht schaffe, mich runterzuholen. Dann eskaliert es auch mal. Aber manchmal eben auch nicht, da merke ich, oh-oh, das ist gerade nicht gut und ich schaffe es, mit dieser Methode mich gut einzufangen.

Mein Unterbewusstsein kennt das schon und reagiert drauf. Dafür bin ich sehr dankbar. Aber auch in so vielen anderen Situationen wende ich es an. Ich hätte da so eine Geschichte, wollt ihr sie hören? Ja? Falls nicht, mir egal, ich erzähl sie dennoch.

Aber bevor ich die erzähle, noch einmal die Erklärung.

VOM TRÄUMEN ZUM AFFIRMIEREN – WARUM DAS EINE DAS ANDERE BRAUCHT

Bevor du etwas aussprechen kannst, musst du es fühlen. Und bevor du es fühlen kannst, musst du es dir vorstellen dürfen. Genau hier beginnt die Verbindung zwischen dem Träumen und dem Affirmieren.

Träume sind die innere Bühne, auf der deine Möglichkeiten sichtbar werden. Hier entstehen Bilder, Gefühle, Szenen, die oft noch keinen klaren Namen haben, aber bereits eine Richtung zeigen. Träumen erlaubt dir, groß zu denken, frei zu fühlen und losgelöst von Erwartungen zu erkunden, *was sein könnte*, wenn alles möglich wäre. Das Träumen schafft Raum. Es öffnet das Herz. Es gibt dir die Erlaubnis, innerlich ein Stück weiterzugehen, als das, was du gerade erlebst. Und genau das ist die Grundlage für jede echte Affirmation.

Denn Affirmationen sind keine leeren Sätze. Sie brauchen ein Gefühl, ein inneres Bild, eine Verbindung zu deiner Wahrheit. Und diese entsteht zuerst im Traum. Im stillen, vielleicht noch scheuen Gedanken daran, dass dein Leben auch leicht, liebevoll, erfüllt sein könnte. Dass du genug bist. Dass du wachsen darfst. Dass du heilen kannst.

Träumen ist der Ursprung. Affirmieren ist die Entscheidung.

Im Traum entdeckst du die Möglichkeit – in der Affirmation machst du sie zu deiner inneren Haltung.

Wenn du dir nicht vorstellen kannst, dass etwas Gutes in deinem Leben Platz hat, wird es schwer sein, es zu glauben. Und wenn du es nicht glauben kannst, wirst du es auch nicht fühlen oder leben. Deshalb ist das Träumen so wichtig: Es ist die sanfte Vorarbeit. Die innere Einladung. Das Erlauben.

Wer träumen kann, hat bereits den ersten Schritt getan. Denn im Traum liegt schon der Anfang deiner Wahrheit. Und jedes Mal, wenn du sie aussprichst – mit einer Affirmation – gibst du ihr ein bisschen mehr Raum. Du stärkst sie. Du bekräftigst: *Ja, das darf mein Leben sein.*

DIE GESCHICHTE MIT DER LIEBE UND DAS ZIEHEN IM BAUCH

Und jetzt aber die Geschichte dazu ☺

Ihr wisst ja, dass in dem Moment, als ich aus Offenburg weggegangen bin und einen neuen Job in Köln begonnen habe, auch ein neuer Abschnitt meines Lebens anfing.

Ich habe meinen Mann kennengelernt und auch lieben gelernt und dabei das erste Mal wirkliche Liebe empfunden. Was einerseits total schön war und mich komplett beflügelt hat, aber auf der anderen Seite machte es mir so richtig Angst. Nachdem ich mich getrennt hatte, war es schon noch ein bisschen holprig, aber ich würde sagen für die damaligen Verhältnisse ging diese Trennung relativ gesund über die Bühne. Aber auf einmal fand ich mich in einer Situation wieder, in der ich mich davor noch nie befunden hatte. Ich war so dermaßen verliebt und in love, dass ich nicht mehr Herrin meiner Sinne war. Ich glaube, richtig zu lieben bedeutet auch, auf jeden Fall loszulassen. Im Hier und Jetzt zu sein!

Auf einmal hatte ich so Gefühle im Bauch und im Herz, die ich nicht kontrollieren konnte. Ich fühlte mich auf eine magische Art und Weise angezogen, wie so ein innerer Magnet. Ich wollte Zeit, viel Zeit, exklusive Zeit mit ihm verbringen. Ich habe einmal zu ihm gesagt: »Ich würde mich gerne in deine Hosentasche setzen.« Was als witziger Satz aus meinem Mund kam, war im Grunde Striptease für meine Seele. Ich hatte jemanden, bei dem ich das Gefühl hatte, mich fallenlassen zu können. Ich musste nicht mehr die Starke, die Unabhängige, die Unbeugsame, der Fels in der

Brandung sein. Ich hatte jemanden gefunden, bei dem ich mich gehen lassen konnte. Er war selbst eine Persönlichkeit, er konnte sich selbst um sich kümmern, er stand schon im Leben und er brauchte meine Hilfe gar nicht.

Einerseits wunderschön, wie gesagt, andererseits sehr beängstigend, denn auf einmal wurde ich von Emotionen geleitet. Auf einmal war ich so verknallt, dass ich Sehnsucht empfand, wenn er nicht in meiner Nähe war. Mir ging es tatsächlich ungefähr drei bis vier Monate echt schlecht – ich merkte, okay, Tania, irgendwas ist mit dieser Trennung und mit dieser neuen Beziehung passiert.

Das musst du aufarbeiten, denn es ist gerade nicht gut, was in deinem Kopf passiert.

Wie ich das dann getan habe und wie ich zu dieser sogenannten Heilung kam, das würde den Rahmen hier sprengen, deshalb nur kurz, ich habe tatsächlich jemanden gefunden, der das mit mir aufgearbeitet hat und dabei kam dann Folgendes raus:

Mein Exfreund war für mich wie ein Kind. Und ihn zu verlassen, bedeutete für mich oder für meinen Geist, meine Seele, mein Inneres oder was auch immer, mein Kind im Stich zu lassen. Und das war es, was mir sehr zu schaffen gemacht hatte. Aber ich habe es aufgelöst und danach wurde es von Tag zu Tag immer besser. Aber das ist nicht die Geschichte, um die es geht. Die Geschichte, um die es geht, beginnt jetzt, Achtung, es geht los.

Also ich war nun befreit, beflügelt und war wirklich sehr, sehr glücklich in dieser neuen Beziehung. Ich empfand Liebe, Geborgenheit, Glückseligkeit, so großartige Dinge einfach. Und auf einmal kam der Gedanke, was, wenn er mich gar nicht so liebt, wie ich ihn liebe? Was, wenn er einfach nur Spaß haben will? Was, wenn er einfach eine gute Zeit mit mir verbringen möchte? Genau an dieser Stelle kam wieder dieses Außen in mir so stark hoch. Ich wurde so getriggert, weil mein Mann zehn Jahre jünger war als ich. Zehn Jahre! Zehn Jahre!

Das ist wirklich eine ganze Menge Zeit! Als wir uns kennenlernten, war er 23 und ich war 33 Jahre alt!

Hinzu kam, dass ich gerade aus einer gescheiterten Beziehung kam und für mich auf einmal die Themen Familie und Kinder interessant wurden. Bis zu diesem Mann war mir das alles so fremd gewesen und ich hatte davon nichts hören wollen, aber auf einmal konnte ich mir solche komischen Sachen vorstellen. Hahaha, also so Familie, Hochzeit und so komische Sachen eben.

Ja, aber er war gerade 23, er fing eigentlich gerade erst an, sein Leben zu erkunden, also laut meiner Definition. Ihn hatte ich bis zu diesem Zeitpunkt noch gar nicht dazu befragt. Aber in mir drinnen war alles komplett wild, weil ich einerseits so verliebt in diesen Mann war, alles an ihm liebte, und andererseits aber mein Kopf komplett durcheinander war, weil ich immer wieder dachte, was ist, wenn was ist, wenn er mich verlässt? Das halte ich ja gar nicht aus!

Gut, wie das halt so oft ist, man macht sich Gedanken, man überlegt und denkt sich, okay, wie soll das denn jetzt weiter gehen?

Frank, dieser besagte Ehemann, war damals nicht unbedingt ein Mann vieler Worte. Er hat mir nicht den ganzen Tag von morgens bis abends gesagt, dass er mich vergöttert, mich liebt, mich über alles in den Himmel hebt und niemals verlassen wird. Sondern er hielt sich eher bedeckt mit seinen Emotionen, ich spürte schon, dass er meine Nähe mochte und dass wir viel Zeit miteinander verbrachten, aber er war nun mal nicht derjenige, der sich nach außen stülpt und ständig bekundet, dass ich die Frau seines Lebens bin.

Ich meine, wir waren zu der Zeit seit knapp drei bis vier Monaten zusammen und er hatte schon erlebt, wie es mir einfach nicht gut ging, hatte das mitgetragen und wir hatten dadurch schon die skurrilsten Situationen miteinander erlebt. Er war geblieben, das war ja schon mal positiv, dachte ich. Aber die Ängste waren da und sie wurden immer größer, weil unsere Beziehung natürlich umso tiefer wurde, umso länger ich mit ihm zusammen war. Das war, um ehrlich zu sein, der erste Mensch in meinem Leben, bei dem ich mir tatsächlich vorstellen konnte, ein Kind zu haben. Denn mir war klar, dass ich gerne ein Kind haben würde, oder auch zwei, aber der Partner war einfach noch nie dagewesen. Somit hatte sich der Gedanke dazu einfach nie manifestiert, weil für mich klar war, wenn ich ein Kind auf die Welt setze, dann mit dem richtigen Partner.

Nun gut, irgendwann sprach ich Frank darauf an, ich kann mich noch genau an die Situation erinnern. Er lag auf dem Bett, ich stand im Türrahmen und ich sagte ziemlich direkt zu ihm, dass ich jetzt 33 Jahre alt sei, dass ich keinen Bock auf Spielchen habe, dass ich mir sehr gut vorstellen könne, viele Jahre mit ihm zu verbringen und noch eine Familie zu gründen. Und wenn er nur hier mit mir zusammen sei, um eine Erfahrung mit einer älteren Frau zu haben, dann sei jetzt der richtige Zeitpunkt, um aus dieser ganzen Geschichte auszusteigen. Weil ich wirklich in ihn verliebt sei und keine Zeit hätte, um Spielchen zu spielen.

Er schaute mich an und sagte einfach gar nichts!

Könnt ihr euch das vorstellen, er schaute mich einfach an und sagte gar nichts. Ich schaute zurück und sagte: »Was?«

Und er: »Ja nix, ich möchte bleiben und für mich ist das kein Spaß, ich bin sehr glücklich in dieser Beziehung.«

Okay, das wars, mehr gab es dazu nicht zu sagen und er hatte das für sich so abgehakt und für ihn war klar, es ist alles gut. Aber ich komme aus Italien, Leute, ihr wisst, ich brauch immer so ein bisschen Drama, das ist doch dieses extra Gewürz. Ich brauche immer so ein bisschen dieses »Wie kannst du darüber überhaupt nachdenken? Du bist die Frau meines Lebens, ich werde dich bis zu meinem Sterbebett lieben und bla bla bla.«

Aber das kam halt nicht und das verunsicherte mich natürlich, denn ich war es nun mal aus der Vergangenheit ganz anders gewohnt.

Gut, dann sollte es wohl so sein und ich versuchte einfach zu glauben und zu genießen. Auch wenn ich mich schwer damit tat. Die Wochenenden verbrachten wir meistens so, dass er zu seinen Eltern ging, die wohnten in der Nähe von Stuttgart, und ich ging zu meinen Eltern. In die Wohnung, in der ich gewohnt hatte, konnte ich nicht rein. Irgendwie hatte ich eine Abneigung gegen diese Wohnung. Mein Ex war mittlerweile ausgezogen, aber ich konnte mich trotzdem nicht dazu überwinden, da einfach hereinzuspazieren. Aber ich hatte ja meine Cousine, die hatte ein großes Bett und wohnte mit unserem Nonno zusammen. Das war perfekt für mich, denn wenn ich am Wochenende zuhause war, schlief ich einfach bei ihr. Wir schliefen zusammen im großen Bett, das war richtig schön.

Immer wartete ich auf Nachrichten von Frank, denn das Handy war an den Wochenenden unsere Verbindung. Wann fährt er los? Und fahr ich los? Wo treffen wir uns auf der Autobahn? Und so weiter und so fort. Und so ging die Zeit ins Land und ich freute mich immer auf jede Verabredung, die in der Zukunft stattfand. Also irgendwelche Ausflüge oder irgendwelche Sachen, die wir gemeinsam machten und ich wusste, geil, in zwei Monaten sind wir verabredet, so lange sind wir auf jeden Fall noch zusammen. Kennt ihr das? Wenn man sich so von Termin zu Termin hangelt und man denkt, krass, wenn der das mit mir vereinbart, dann liebt er mich wirklich. Ich hatte ständig das Gefühl, dass ich irgendeine Art Beweis brauchte! Das war so ein krasser Mindfuck, das könnt ihr euch nicht vorstellen.

Eines Tages, und jetzt wirds krass! Achtung! Jetzt wird es richtig krass.

Eines Tages, es war ein Sonntag und es war wieder Zeit, zurück nach Köln zu fahren, weil ich das Wochenende wie immer in Offenburg verbracht hatte. Ich ging auf die Autobahn, oder besser ich fuhr auf die Autobahn, und ich wusste, in knapp viereinhalb Stunden sehe ich Frank wieder, die nächste Woche startet, alles beginnt wieder von vorne und ich wusste, ich werde wieder darüber nachdenken, ob er mich wirklich liebt oder nicht.

Er ist der Mann meines Lebens.

Ich war mittlerweile müde, ich wollte nicht mehr darüber nachdenken und die ganze Zeit diese Zweifel und dieses, was ist, wenn, was mir ständig im Kopf rumschwirrte. Ich wollte frei sein, ich wollte glücklich sein, ich wollte einfach wieder so in meinem Move sein und ich fing an, mit dem Universum zu sprechen.

Mach ich übrigens bis heute immer noch, aber erzähl ich euch gleich, denn das ist auch eine Methode. Tagträume sind vielleicht etwas schwer beim Autofahren, aber mit dem Universum zu sprechen, oder du kannst es auch lieben Gott nennen, oder Energie, oder du benennst das nach einem Frauennamen, was auch immer, einfach mit jemandem sprechen und deinen Gedanken freien Lauf lassen, ist auf jeden Fall etwas, was du dir gerne angewöhnen darfst.

Dazu erzähle ich später noch mehr.

Ich fing also an, mit dem Universum zu sprechen, und sagte: »Mensch, kannst du mir nicht irgendein Zeichen schicken, dass ich mir sicher bin, dass er mich wirklich liebt. Was könnte es denn sein und was müsste er dafür machen?«

Ich dachte so darüber nach und dann kam mir ein Gedanke, ja, wenn er mich seinen Eltern vorstellt, das wäre der ultimative Beweis, dass er mich liebt, dass er die Zukunft mit mir verbringen möchte, dass es kein Spielchen ist.

Also ehrlich gesagt dachte ich tatsächlich, naja, er ist ein junger Kerl, zehn Jahre jünger, der möchte bestimmt Erfahrungen mit einer älteren Frau sammeln, was für ein Bullshit in meinem Kopf. Ich habe wirklich alles, was es an gesellschaftlichen Normen gibt, abgefrühstückt. Das könnt ihr euch nicht vorstellen, obwohl ich damals schon sehr gut in meiner positiven Art und in meinem Mindset war, hat es mich wieder komplett eingeholt. Ein kluger Mentor, den ich sehr mag, sagt immer: Wenn die Emotionen hoch gehen, geht der Verstand in den Keller. Also je emotionaler du bist, desto weniger Intellekt hast du.

Das passt halt echt wie Arsch auf Eimer.

Okay, also stellt euch vor, ich saß in diesem Auto, fuhr Richtung Köln und mir kam dieser Blitzgedanke, wenn er mich seinen Eltern vorstellt, dann ist das auf jeden Fall eine ernst gemeinte Sache. Jetzt teste ich dich, sagte ich zum Universum! Und ich begann meine Affirmation. Wenn ich jetzt darüber nachdenke, wie krass ich damals dieses Universum provoziert habe, mit was für einem Mut und einer Entschlossenheit ich diese viereinhalb Stunden auf dieser Autobahn verbracht habe. Ich sag euch, wie's ist, ich habe einfach angefangen, mich beim Universum dafür zu bedanken, das Frank mich seinen Eltern vorstellt.

Wie sah das also aus? Ich fing an zu affirmieren, und meine Affirmationen hieß:

»Ich bin dankbar, dass Frank mir seine Eltern vorstellt! Ich bin dankbar, dass Frank mir seine Eltern vorstellt!«, und das habe ich immer und immer wieder gesagt, in Endlosschleife.

»Ich bin dankbar, dass Frank mir seine Eltern vorstellt!«

Viereinhalb fucking Stunden lang.

Ich habe das einfach die ganze Zeit vor mich hergesagt.

Dann fiel mir ein, okay, gut, die Eltern vorstellen, das könnte ja auch in zwei Jahren sein. Ich muss es genauer definieren. Ich wurde noch spitzer und ich sagte: »Ich bin dankbar dafür, dass Frank mir seine Eltern in diesem Monat vorstellen wird.«

Und diese Affirmation sprach ich weiter immer und immer und immer und immer und somit konnte ich nichts anderes in meinen Kopf lassen, keine schlechten Gedanken, keine angstvollen Gedanken, keine traurigen, ich habe einfach nur in einer Endlosschleife die ganze Zeit diese Affirmation vor mich hin gebetet. Ich machte es einfach, so wie ich das auch schon in der Vergangenheit und bis heute immer wieder mache, um mich in gewissen Situationen rauszuholen.

Ganz bewusst, ganz definiert immer für mich, immer gegen die Angst, gegen die Traurigkeit, was auch immer mich gerade beschäftigt, ich switche mich mit etwas Positivem.

Hier in diesem Fall, sogar mit Dankbarkeit, nämlich der Dankbarkeit, dass Frank mir seine Eltern vorstellt, und das war ja gleichbedeutend für mich mit er meint das ernst.

Ihr könnt euch vorstellen, ich kam an in Köln und war relativ entspannt, weil ich die ganze Zeit affirmiert hatte und es in meinem Kopf keinen Platz für andere Dinge gegeben hatte, Frank war schon da und wir hatten einen angenehmen Sonntagabend. Ich dachte mir, okay, ich bin mal gespannt, was jetzt so passiert.

Als wir am Montagabend zusammen von der Arbeit zurückfuhren, bekam Frank eine Nachricht auf sein Handy. Eine Nachricht von seinen Eltern. Er schaute mich an und sagte Folgendes: «Ah, meine Eltern sind im Norden im Urlaub und Sie fahren morgen zurück und möchten gerne hier stoppen und eine Nacht bei uns bleiben. Cool, jetzt lernst du sie kennen.« Ich kenne meine Schwiegereltern inzwischen natürlich sehr gut und tatsächlich sind sie eher spontane Menschen, sie planen nicht wochenlang im Voraus.

Also, das hat alles sehr gut gepasst, für sie, für Frank, für alle. Nur für mich war auf einmal alles anders.

Als Erstes schaute ich nach oben und dachte: »What the Fuck! Echt jetzt! Meint ihr das wirklich ernst? Jetzt kommen die Eltern morgen wirklich hierher!«

Ich war komplett ausgeknockt! Einerseits sprang mein Herz in meinem Körper, machte Flickflack, schlug Purzelbäume, und drehte Pirouetten, alles auf einmal. Aber gleichzeitig dachte ich auch: »Krasse Scheiße, das ist wirklich gerade passiert. Er stellt mich morgen wirklich seinen Eltern vor!« Ich kann euch nicht sagen, was oder wie ich den Abend noch verbracht habe, wie aufgeregt ich war.

Frank nahm sich den nächsten Tag frei, damit er mit seinen Eltern noch ein bisschen Zeit verbringen konnte, da sie bereits am Nachmittag kamen. Ich machte normal Feierabend und fuhr nach Hause zu Frank, im Wissen, dass seine Eltern da waren. Ihr erinnert euch, was ich mit dem Universum vereinbart hatte: Wenn er mich seinen Eltern vorstellt, dann meint er es ernst, das war der Beweis.

So, und nun stand ich vor dieser Haustüre und traute mich nicht rein. Ich hörte sie drinnen lachen, Spaß haben, lustig sein, und ich stand draußen und sagte »Himmel, Arsch und Zwirn was passiert hier?«

Das erste Mal in meinem Leben war mir klar, dass ich eine wirklich unheimlich gute Verbindung zum Universum hatte, denn es hatte geliefert. Es lieferte!

Ja klar, ein Skeptiker würden sagen, wahrscheinlich, wären die Eltern trotzdem gekommen, auch wenn du das nicht gemacht hättest. Okay, kann sein oder auch nicht, ist vollkommen egal, denn am Ende war es in der Situation genau das Richtige und ich brauchte eine halbe Stunde, um diese Wohnung zu betreten.

Ich ging hinein und mir schlug das Herz bis hoch in die letzte Haarspitze. Ich spürte das sogar in meinem großen Zeh. Ich war, glaube ich, noch nie so aufgeregt in meinem ganzen Leben! Ich lernte meine Schwiegereltern kennen, die so nette Menschen sind und die ich mittlerweile so gerne und in mein Herz geschlossen habe. Es war ein wundervoller Abend, genau wie der nächste Morgen.

Sie gingen wieder, und wisst ihr was? Ich war geheilt. Ich war geheilt, das war ja meine Abmachung gewesen. Die Abmachung, wenn die Eltern kommen, meint er es ernst.

Und von dem Tag an begann für mich ein neuer Abschnitt unserer Beziehung. Auf einmal verbrachten wir sogar die Wochenenden zusammen, wir wechselten uns ab, wir gingen einmal zu meinen Eltern und dann zu seinen Eltern.

Alles wurde anders und ich danke dem Universum ich weiß nicht wie viele hunderte Mal dafür, dass es mir Frieden brachte und dass unsere Beziehung einfach weiter ging, bis heute, 15 Jahre später. Also, ich glaube, er hat es tatsächlich ernst gemeint, hahaha.

WARUM KOMMT NACH AFFIRMATION DIE MANIFESTATION?

Gute Geschichte, würde ich sagen, oder?

Aber lassen wir mal die Verbindung oder die gute Anbindung zum Universum einfach weg. Was hatte ich genau gemacht? Ich habe affirmiert, ich habe fast meine Angst weg firmiert. Das erste Buch, das ich darüber gelesen habe, war ein Buch von Gila van Delden, es hieß »Mutter Erde, trage mich …«[1]! In diesem Buch beschreibt sie ganz vieles, unter anderem aber auch, was sie gemacht hat.

Sie verpackt in diesem Buch die Beschreibung des Affirmierens in die Erzählung ihrer eigenen Geschichte. Da gibt es Situationen, in denen sie einen halben Tag lang affirmiert, weil sie Angst hat, und genau dieses Beispiel habe ich aufgenommen und habe es 1:1 umgesetzt.

Denn Affirmieren hat nicht nur den großen Vorteil, dass man sein Unterbewusstsein darauf programmiert und sich schon für einen Zustand bedankt, der noch gar nicht eingetreten ist. Nein, der große Vorteil oder auch ein Nebenprodukt ist, dass du nicht zwei Dinge auf einmal denken kannst.

Das bedeutet, es ist ein hilfreiches Werkzeug, das ich benutze, und zwar immer wieder, wenn meine Dämonen hochkommen.

---

1 Gila van Delden: Mutter Erde, trage mich, Halle (Westf.): Country Verlag, 1996.

Egal, welche das in diesem Augenblick auch sein mögen. Und wir haben alle Dämonen, wirklich alle!

Es gibt wirklich niemanden, der nicht irgendetwas hat, was ihn triggert. Etwas, das ihm Angst macht, ihn traurig macht, oder wovor er großen Respekt hat. Jeder von uns hat das, und Gott sei Dank, hat das jeder von uns.

Denn ich kann noch so selbstbewusst auftreten und ich kann noch so eine Stimmung auf dieser Bühne machen, glaub mir, wenn ich allein bin und an meinem Küchentisch sitze, und irgendetwas passiert, oder irgendetwas zurückkommt, hochkommt oder auf meinem Tisch liegt, ist es immer das Gleiche. Auch ich habe Ängste!

Selbstverständlich, auch nach 25 Jahren Mindset-Training, nach 25 Jahren positivem Denken habe ich noch immer Situationen, in denen es mir nicht gut geht. Vielleicht gehe ich damit heute anders um, vielleicht suche ich mir schneller Hilfe, vielleicht versuche ich gleich etwas zu verändern, aber manchmal funktioniert auch das nicht. Wir alle auf diesem Planeten sind unperfekt perfekt und das ist auch gut so.

Das schöne Nebenprodukt einer Affirmation ist genau das: Du kannst an nichts anderes denken, weil du dich die ganze Zeit damit beschäftigst einen vermeintlich stupiden einfachen Satz immer und immer und immer wieder zu wiederholen. Dieser immer wiederkehrender Satz fesselt dich, ob du willst oder nicht.

Und in dem Moment kannst du an nichts Ängstliches, Trauriges oder Triggerndes denken und das ist das Krasse an dieser ganzen Geschichte, das ist das wahnsinnig Großartige an einer Affirmation.

Und deshalb ist es wichtig, dass du schon gewisse Affirmationen in petto hast, sozusagen auf Vorrat. Affirmationen, die du dir hochholst, wenn eine gewisse Situation oder ein gewisser Dämon hochkommt. Dann musst du gar nicht erst nachdenken, wenn du in so einer Situation bist.

Erst nachdenken zu müssen, welche Affirmation nehme ich denn jetzt, ist nicht gut, dann kannst du dich bereits in einer Negativschleife befinden. Versuche, das zu vermeiden.

Das ist wie ein Werkzeug, du siehst die Schraube ist locker, dann brauchst du einen Schraubenzieher und drehst die Schraube rein, Punkt.

Und genau das ist es, du merkst »Oh, es ist gerade wieder die Zeit, in der ich sehr unsicher werde« und dann holst du dir die passende Affirmation hoch.

Falls das bedeutet, dass du vielleicht fünf Tage hintereinander jeden Mittag eine Stunde lang beim Spaziergang um den See diese Affirmationen vor dich hinsprichst, dann ist das halt so! Wer oder was soll dich denn verurteilen? Damit sollten wir sowieso aufhören, aber das ist nochmal ein anderes Thema.

So, das ist der Grund, warum für mich Affirmation ein ganz großes Werkzeug ist, du kannst es ja mal probieren oder einfach mal darüber nachdenken. Gibt es denn eine Steigerung zur Affirmation? Ja, das ist die Manifestation.

Aber was genau ist eine Manifestation?

MANIFESTATION – MEHR ALS NUR EIN WUNSCH

Manifestation wird oft als die Königsdisziplin des positiven Denkens betrachtet – doch sie ist weit mehr als bloßes Wünschen oder das wiederholte Aussprechen schöner Sätze. Sie ist die lebendige Umsetzung eines inneren Bildes, die Verdichtung eines Gedankens zu etwas Erfahrbarem. Während Affirmationen das Fundament bilden, also den Boden bereiten, ist Manifestation der Prozess des Erblühens. Hier treffen Vorstellungskraft, Gefühl und Handlung in einer kraftvollen Dreieinigkeit aufeinander.

Denn Manifestation funktioniert nicht über Gedanken allein. Der Gedanke ist lediglich der erste Impuls – ein Same. Doch wie jeder Same braucht auch dieser Nährboden, Pflege und Bedingungen, unter denen Wachstum möglich ist. Diese Bedingungen bestehen aus Emotion, Visualisierung und Handlung. Man könnte sagen: das »Dreieck der Manifestation«.

Emotion ist der Magnet. Sie gibt dem Wunsch seine Schwingung, seine Energie. Nur das, was wir emotional empfinden – sei es Freude, Sehnsucht oder tiefe Überzeugung – wird vom Unterbewusstsein als »echt« wahrgenommen.

Visualisierung wiederum ist der Bauplan. Sie macht das Unsichtbare sichtbar – ein innerer Film, den unser Gehirn wie eine Vorschau auf das Kommende speichert.

Und schließlich braucht es die Handlung – der konkrete Schritt, der zeigt: Ich meine es ernst. Ich bin bereit, Verantwortung zu übernehmen und mit der Energie meines Wunsches in der realen Welt in Resonanz zu treten.

Denn genau hier liegt ein häufiges Missverständnis: Manifestation ist kein Zaubertrick, der uns Dinge »liefert«, während wir passiv auf der Couch sitzen. Sie ist kein kosmischer Bestellservice, sondern ein Prozess der inneren Ausrichtung und äußeren Konsequenz. Ohne Selbstverantwortung bleibt jeder Wunsch leer. Es braucht die Bereitschaft, sich selbst zu transformieren – und manchmal auch die Ehrlichkeit, eigene Begrenzungen zu erkennen und zu durchbrechen.

Dabei ist unser Unterbewusstsein zentral. Es reagiert nicht auf Logik, sondern auf Bilder, Gefühle, Wiederholungen. Was wir uns regelmäßig mit emotionaler Tiefe vorstellen, wird in unseren inneren Systemen als Realität abgespeichert. Unser Gehirn beginnt wie ein Radar nach entsprechenden Möglichkeiten in der Außenwelt zu suchen. Dazu habe ich auch noch eine wissenschaftliche Erklärung für alle, die es gerne auch so erklärt bekommen wollen. Ein sehr interessanter Ansatz, finde ich.

Ein faszinierender neurologischer Mechanismus dahinter ist das sogenannte retikuläre Aktivierungssystem (RAS) – ein Filtersystem im Gehirn, das entscheidet, welche Informationen in unser Bewusstsein dringen. Sobald wir innerlich klar sind, worauf wir unsere Aufmerksamkeit richten, beginnt das RAS, genau diese Informationen in unserer Umwelt bevorzugt wahrzunehmen. Plötzlich fallen uns »Zufälle« auf, Gelegenheiten, Menschen, Türen – doch in Wahrheit ist es unser inneres Navigationssystem, das auf Empfang geschaltet hat.

Nicht nur die Psychologie, sondern auch spirituelle und philosophische Lehren greifen dieses Phänomen auf. Während das populäre Gesetz der Anziehung besagt, dass Gleiches Gleiches anzieht – also unsere innere Schwingung bestimmt, was wir empfangen – spricht das Resonanzprinzip eher davon, dass wir in jenen Bereichen des Lebens »mitschwingen«, auf die wir innerlich eingestimmt sind. Beide Theorien betonen: Die Außenwelt spiegelt unsere Innenwelt.

Also, wenn wir das runterbrechen, dann heißt das im Umkehrschluss: Es ist verdammt wichtig, was im Außen passiert, denn es spiegelt mein Inneres wider. Somit ist es sehr wohl wichtig, wo, wie und mit wem du unterwegs bist und was du konsumierst.

Wie manifestiert man konkret?

Manifestation ist der bewusste Prozess, einen inneren Wunsch oder eine Vision in die Realität zu bringen – durch gedankliche Klarheit, emotionale Tiefe und konkretes Handeln. Anders gesagt: Du wirst innerlich zu dem, was du im Außen erleben willst. Der Schlüssel liegt in der Übereinstimmung von Gedanken, Gefühl und Handlung.

SCHRITT-FÜR-SCHRITT-ANLEITUNG

1. Werde dir klar, was du wirklich willst

Formuliere dein Ziel so, als wäre es bereits Realität:

- »Ich lebe in einer erfüllenden Partnerschaft.« statt: »Ich wünsche mir eine erfüllte Partnerschaft.«

Frag dich: Warum will ich das? Was steht dahinter? (z. B. Sicherheit, Freude, Ausdruck)

2. Visualisiere dein Ziel mit allen Sinnen

Schließe die Augen und stelle dir die Situation so lebendig wie möglich vor:

- Wie sieht dein Leben aus, wenn dein Wunsch erfüllt ist?

Spüre die Emotion: Freude, Dankbarkeit, Vertrauen – als wäre es jetzt schon so

3. Fühle die Realität innerlich – als wäre sie schon da

Nicht »warten, bis es kommt«, sondern so leben, als ob du es bereits empfängst.
Beispiel: Wenn du dir beruflichen Erfolg manifestierst, zeige dich jetzt schon mit Haltung und Klarheit

4. Handle im Einklang mit deiner Vision

Triff Entscheidungen, die dich dorthin führen – auch kleine.
Frag dich täglich: »*Welche Handlung bringt mich energetisch in Richtung meiner Vision?*«

5. Lasse los – ohne aufzugeben

Nicht verkrampfen oder kontrollieren. Vertraue dem Prozess.
Manifestation ist kein Deadline-Projekt, sondern ein Resonanzfeld.
Sei offen dafür, dass das Ergebnis vielleicht besser kommt als geplant.

Hier ein konkretes Beispiel für Manifestation:
Nehmen wir mal an, deine Herausforderung besteht darin, dass du sehr unglücklich in deinem Job bist, dich aber nicht traust, zu kündigen. Die Angst davor ist so groß, dass sie dich lähmt und du jeden Morgen mit Bauchweh zur Arbeit gehst und ab Freitagmittag dein Wochenende dafür nutzt, um dich zu erholen.

Du weißt in deinem Inneren, du willst das nicht, aber du schaffst es nicht. Du bist frustriert und traurig und die Kollegin im Job macht dir das Leben auch noch zur Hölle.

Du willst manifestieren: *»Raus aus diesem Job. Rein in ein Leben, das zu dir passt!«*

Was könntest du tun?

KONKRETE SCHRITTE – TAG FÜR TAG

1. Werde ehrlich mit dir

Nimm ein Blatt Papier. Schreib nur diesen einen Satz:

- »Ich bin unglücklich in meinem Job – und ich will etwas verändern.«

Nicht beschönigen. Nicht analysieren. Nur anerkennen.
Dieser Satz ist der erste Schritt. Jetzt ist klar: Du bleibst nicht mehr in der Ohnmacht stecken.

2. Formuliere dein Wunschbild – klar und positiv

Schreib darunter deinen Zielzustand. Nicht als Wunsch – als Realität: »Ich arbeite in einem Umfeld, in dem ich mich sicher, frei und wertgeschätzt fühle.« Lese diesen Satz morgens und abends. Und sprich ihn laut. Tu so, als wäre er schon wahr. Schreib ihn dir auf einen Zettel und stecke den zum Beispiel in deinen Geldbeutel. Immer, wenn du den Zettel siehst, wirst du den Satz sagen, ohne wirklich auf den Zettel schauen zu müssen, weil du weißt, was draufsteht.

3. Nimm dir 5 Minuten am Tag, um dein neues Leben zu fühlen

Setz dich in Ruhe hin. Schließe die Augen. Stell dir vor:

- Du wachst morgens auf – ohne Druck, sondern mit Vorfreude
- Du gehst zur Arbeit – vielleicht sogar ins Homeoffice – und tust, was dir Freude macht
- Du wirst respektiert, kannst dich entfalten
- Du gehst mit einem guten Gefühl in den Feierabend

Fühl das. Nicht denken – fühlen.

Das aktiviert dein Unterbewusstsein. Das ist der »Motor« der Manifestation. Also, umso genauer und detaillierter du das fühlen kannst, umso besser ist es. Alles ist erlaubt, jedes Detail, jede Kleinigkeit. Setze dir keine Grenzen dabei.

4. Schaffe dir Bewegung – ohne gleich zu springen.

Du musst nicht morgen kündigen. Aber du darfst dich in Bewegung bringen.

Hier ein paar ganz konkrete Dinge, die du tun kannst:

- Erstelle eine Liste mit Tätigkeiten, die dir wirklich Spaß machen
- Schau dir drei Jobangebote an – nicht, um dich zu bewerben, sondern um deinen Horizont zu öffnen
- Sprich mit einer neutralen Person darüber, was du willst (nicht, was du aushältst)
- Schreibe einen Lebenslauf – auch wenn du ihn noch nicht brauchst
- Mach ein Moodboard oder ein Visionboard – digital oder auf Papier
- Mach zehn Minuten täglich etwas, das dich stark macht: da kannst du auf unsere Liste schauen (was macht dich glücklich).

Jede dieser Taten sagt: Ich nehme mein Leben in die Hand.

5. Schreibe deine Entwicklung auf

Mach ein Manifestations-Tagebuch. Notiere täglich:

- Was du heute für dich getan hast
- Was sich bereits verändert hat
- Was du heute über dich neu erkannt hast
- Wofür du dankbar bist (auch im Chaos!)

6. Bleib dran – auch wenn's dauert

Manifestieren ist kein Zauberstab. Aber es ist eine Kraft, die du lenken kannst. Was zählt: Deine Richtung. Deine Energie. Deine Bereitschaft.

BEISPIEL FÜR EINE AFFIRMATION FÜR DIESE PHASE:

»Ich bin dankbar für ein Leben, das mir guttut. Ich bin bereit für Veränderung – Schritt für Schritt. Ich bin sicher in mir.«

Das Manifestieren ist sozusagen die Steigerung der Affirmation.

Du bist detaillierter, du zoomst rein, denn du gehst in das Gefühl hinein. Umso mehr du es riechen, schmecken, sehen, fühlen, anfassen kannst, all das, umso mehr du dir die Details bis ins Kleinste vorstellen kannst, was du anhast, wie du läufst, wer neben dir steht, all diese Dinge, umso länger du dich mit dieser Situation befasst, umso tiefer du reingehst, umso mehr du dir erlaubst zu träumen, das zu fühlen und zu spüren, umso besser transportierst du das in deine Zellen in deinem Kopf, in deinem Unterbewusstsein, wohin auch immer.

Und du wirst sehen, es wird kommen. Mal wird es schneller gehen, mal wird es langsam gehen, aber es wird kommen, weil du dich programmierst. Du programmierst dich bewusst oder unbewusst, das kannst du halten wie ein Dachdecker!

Du programmierst dich darauf und dann werden dir automatisch Situationen zugespielt werden, die du davor vielleicht gar nicht erkannt oder gesehen hast.

In die du dich nicht getraut hättest, aber jetzt bist du bereit diesen Schritt zu gehen und manchmal sind es eben ganz viele kleine Schritte, die es braucht. Und manchmal sind es große Schritte, Riesenschritte, Sprünge, und du denkst: »Wow, wo kommt das denn jetzt her?«

Aber ein zentraler Punkt ist auch einfach das Vertrauen! Dieses Vertrauen, das wir ins Leben haben dürfen. Das Leben meint es gut mit uns! Urvertrauen! Das Urvertrauen, das wir haben dürfen, um zu leben. Einer hat das mehr, der andere etwas weniger. Das hat auch mit der Sicherheit in unserer Kindheit zu tun.

Manifestieren ist bei mir auch ein ganz großes Werkzeug, das mich zu diesem Menschen gemacht hat, der ich heute bin. Und wenn wir jetzt den Satz nehmen, dass das Außen unser Inneres widerspiegelt, dann ist es eben doch wichtig, was im Außen um uns herum ist. Und da wir sehr oft, wenn nicht sogar immer für unser Außen verantwortlich sind, sind wir schon beim nächsten Thema.

LIEBE IN ALLEN FACETTEN

Wenn du im Inneren glücklich sein willst, wenn du leicht sein willst, wenn du Frieden finden willst. Ach, nenne es einfach, wie du magst – was auch immer du willst –, dann ist es so unsagbar wichtig, dass du erkennst, dass dein Außen eine sehr große Rolle spielt. Du kannst nicht erwarten, nur im Inneren zu heilen oder stark zu werden, ohne dass sich im Außen was ändert.

Meine Erfahrung in dem Bereich ist, es kommt automatisch mit. Manchmal passiert etwas im Außen und dann ändert es sich im Inneren. Aber meistens ist es so, dass du im Inneren etwas veränderst und sich dadurch auch das Außen verändert.

Der Satz »Du bist der Durchschnitt der fünf Menschen, mit denen du die meiste Zeit verbringst« wird Jim Rohn zugeschrieben, einem US-amerikanischen Motivationstrainer und Pionier im Bereich Persönlichkeitsentwicklung.

Er meinte damit:

Unsere Gedanken, Gewohnheiten, Überzeugungen – ja, sogar unsere Lebensqualität – werden stark von den Menschen beeinflusst, die uns umgeben.

Und das trifft den Kern, wenn wir über toxische Beziehungen sprechen. Denn manche Verbindungen ziehen uns energetisch, emotional oder psychisch soweit nach unten, dass wir beginnen, uns selbst zu verlieren.

Toxisch heißt: nicht immer laut, nicht immer offensichtlich, aber dauerhaft verletzend, zermürbend, entwertend. Es kann sich dabei um Partner handeln, Freunde, Kollegen oder sogar Familienmitglieder. Was sie gemeinsam haben: Sie hinterlassen ein Gefühl von Schuld, Scham, Stress oder Selbstzweifel – fast jedes Mal, wenn man mit ihnen Kontakt hat.

Wir haben im Leben so viele Beziehungen, so viele Menschen, die kommen und gehen. Darunter gibt es auch Beziehungen oder nennen wir es gemeinsame Zeit, die wir mit Menschen verbringen, die uns nicht guttun. Und dennoch bleiben wir ganz oft bei ihnen, obwohl es uns nicht guttut. Manchmal merken wir nicht einmal, dass es für uns schlecht ist, aber manchmal wissen wir es, und bleiben dennoch. Da stellt sich mir die Frage, warum wir das tun. Du weißt, mir tut etwas nicht gut und du bleibst dennoch.

Ich glaube da müssen wir zwei Szenarien unterscheiden. In dem einen Szenario geht es um Menschen, bei denen wir bedingt durch eine Verwandtschaft oder Wohngemeinschaft, Gruppe, Arbeitsstelle oder was auch immer zu gemeinsamer Zeit gezwungen. Das heißt, ich versteh mich beispielsweise nicht gut mit meiner Schwester, aber sie lebt noch zuhause, sie ist jünger als ich. Das heißt, wir verbringen automatisch gemeinsam Zeit, da kann ich mich schlecht einfach so verabschieden. Oder ich habe eine

Arbeitskollegin, die mit mir im Büro sitzt und die tut mir einfach nicht gut. Auch da ist es fast nicht möglich, dem Ganzen auszuweichen. Klar ist es in diesen Fällen auch möglich, aber es geht nicht so einfach. Beim ersten Szenario müsste man umziehen, und beim zweiten Szenario, musst du den Arbeitsplatz wechseln.

In dem anderen Szenario geht es um Menschen, mit denen ich mich freiwillig treffe, mit denen ich freiwillig Zeit verbringe, obwohl ich weiß, dass mir das nicht guttut. Dazu gehören beispielsweise manche Freunde. Freunde von Freunden. Freunden von Arbeitskollegen etc.

Ich glaube, den Schritt zu gehen, sich zu distanzieren und zu verabschieden, fällt einem leichter, wenn es sich nicht um eine Freundin handelt, mit der man wirklich schon viele Jahre befreundet ist und mit der man viel Zeit verbracht hat. Wirklich schwer ist es bei Menschen in unserer näheren Verwandtschaft, sehr enge Verwandte, Mutter, Vater, Geschwister oder Cousins, alles, was sehr eng an dir dran ist. Aber am Ende sind es immer der gleiche Inhalt und die gleiche Frage, die du stellen darfst.

Wieviel bist du dir wert?

Es geht immer darum, was du dir wert bist. Was lässt du zu? Was lässt du mit dir machen?

Du unterschätzt das: So etwas auszuhalten, damit man sich dem nicht stellen muss, ist viel traumatisierender, als du denkst. Es ist eben nicht nur das Aushalten und Ertragen, sondern es passiert noch eine ganze Menge mehr.

Das, was im Außen ist, bestimmt dein Inneres und was im Inneren ist, bestimmt dein Äußeres. Das ist ein Mantra, das du immer wieder vor dich hinsagen kannst.

Und wenn du um dich herum Menschen hast, die von morgens bis abends einfach immer nur motzen, schlechte Laune haben und sich über andere Menschen beschweren, dann wird es wirklich sehr schwer, eine positive Grundeinstellung zu bekommen. Weil du im Außen immer und immer wieder wie ein Mantra, die ganze Zeit das Negative hörst. Und die Frage ist einfach, was bist du dir wert?

Wie wichtig ist es dir, dein Innerstes zu ändern, damit du eine positive Grundeinstellung hast? Damit du glücklich und zufrieden durchs Leben gehen kannst, damit du dich wohl fühlst in deiner Haut im wahrsten Sinne des Wortes?

Nehmen wir mal an, es gibt da eine Person, nennen wir sie Gertrude, nehmen wir mal an, Gertrude ist in deinem nahen Umfeld und du möchtest einfach nicht mehr, dass Gertrude sich in dein Leben einmischt. Eine ganz direkte Frage an dich. Wer ist dafür verantwortlich, dass Gertrude das in Zukunft nicht mehr macht?

Auch wenn du das jetzt vielleicht nicht hören magst und auch wenn es für dich in diesem Augenblick schmerzhaft ist, und du denkst, ach leck mich doch am Arsch, kann ich dir an dieser Stelle versichern, dass ausschließlich und ganz explizit du das bist!

Du du du du, und noch mal du du du du du, und noch mal du.

Du bist dafür verantwortlich, dass Gertrude aus seinem Leben verschwindet.

Auch wenn du insgeheim hoffst, dass Gertrude einfach aus dem Leben verschwindet, weil es dann so viel einfacher wäre, weil man kein unnötiges Gespräch führen müsste, oder man keine unangenehmen Antworten bekäme oder bla bla bla.

Du bist dafür verantwortlich und du darfst in diese Verantwortung gehen. Denn du darfst Verantwortung für dein Leben übernehmen, und das ist genau das, was ich getan habe. Ich habe angefangen, Verantwortung für mein Leben zu übernehmen, indem ich einfach für mich entschieden habe, wer oder was mir wichtig ist und wer oder was mir guttut.

Aber was heißt das konkret? Also nehmen wir mal ein klassisches Beispiel, das viele Menschen kennen und nicht so ernst nehmen, das aber total wichtig ist. Nehmen wir an, du bist bei

Gertrude zum Geburtstag eingeladen, jedes Jahr ist dieser Geburtstag, und jedes Jahr bekommst du bei diesem Geburtstag Bauchschmerzen.

Jedes Jahr denkst du, oh, ich habe da kein Bock hinzugehen, weil da wieder der und die da sind, weil mich Tante Gertrude das 17. Mal fragt, ob ich jetzt endlich heiraten werde.

»Das kann ja wohl nicht sein, dass du keinen Mann findest«, oder mich fragt: »Hast du zugenommen?« oder »Was ist denn das für ein scheiß Job, den du da machst?« oder »Du verhältst dich falsch.« oder »Du bist krumm, gerade, hoch, tief etc.«, such dir etwas aus, was auch immer es ist. Und immer, wenn du von diesem Geburtstag zurückkommst, geht es dir nicht gut und du hast einige Tage, wenn nicht sogar Wochen daran zu knabbern. Du schläfst schlecht, vielleicht musst du sogar weinen, ärgerst dich, kriegst Ausschlag, sogar dein Körper reagiert darauf. Du hast Symptome, egal ob mental oder körperlich, und trotzdem gehst du immer auf diesen Geburtstag. Warum?

Wenn ich Menschen sowas frage, kommt meistens folgende Antwort: »Na ja, weil man das halt so macht. Du kannst ja nicht einfach wegbleiben von dem Geburtstag. Du kannst ja nicht einfach sagen, ich komm nicht, wenn du eingeladen bist.«

»Das gehört sich so«, ist auch ein sehr schöner Satz.

Aber was, wenn dieses »es gehört sich so« dir einfach nicht guttut? Was, wenn diese Einladung dafür verantwortlich ist, dass du dich einfach nicht wohlfühlst?

Was, wenn dieser Geburtstag genau das ist, der dich davon abhält deine Träume oder deine Ideen umzusetzen? Hast du dich das schon mal gefragt? Ich frage mich mittlerweile wirklich, warum Menschen so in diesen Regeln gefangen sind.

Und hier kommt sie wieder, die Frage der Fragen:

- Wofür machen wir das alles?
- Warum das alles?

Glaubst du, du bekommst am Ende eine Urkunde, in der steht: Super, du warst auf allen Geburtstagen von Tante Gertrude und deshalb steigst du auf der Skala weiter nach oben? Ich kann es dir beantworten. Nein, bekommst du nicht. Ich kann dich wirklich verstehen, dass es dir schwerfällt, Tante Gertrude abzusagen.

»Hey Tante Gertrude, du bist eine dumme Kuh, ich habe keinen Bock auf deinen Geburtstag, deshalb komm mich nicht, weil ihr alle was an der Klatsche habt!«

Verstehe ich total, aber muss man ja auch nicht so machen. Spoiler, mach ich auch nicht so! Vielleicht gibt es aber so ein Zwischending. Warum sind wir denn immer so streng mit uns? Liegt das auch daran, dass wir hoffen, diese Urkunde am Ende zu bekommen? Die Urkunde zu bekommen für »Ich habe mich an die meisten Regeln gehalten!« Nee, kann ich dir auch sagen, dafür gibt es auch keine Urkunde! Ich kenne niemanden, der so eine Urkunde bekommen hat. Herzlichen Glückwunsch, Herr Meier, Sie waren derjenige, der sich die letzten zehn Jahre an die meisten Regeln gehalten hat, deshalb bekommen Sie diese Urkunde!

Wundervoll, einfach krass, super, nein!

Aber was du bekommst, ist ein Rückblick darauf, wie es dir in deinem Leben ergangen ist. Wie viel du wirklich gelebt hast, für dich und nicht für die anderen.

Denn du bist dafür verantwortlich, dass du in Frieden und Glückseligkeit, gesund und leicht durchs Leben gehst, das ist sicher.

Nun stehst du da, Tante Gertrude hat nächste Woche Geburtstag und du willst nicht hin. Du willst da einfach nicht hin, hast aber nicht den Mut, es zu sagen. Du schaffst es nicht, du hast Angst, du fühlst dich schlecht, du hast einfach im Moment nicht genug Mut, Kraft, Stärke oder Energie. Es geht einfach gerade nicht, aus welchen Gründen auch immer.

Dann habe ich für dich die ultimative Lösung. Ich habe mir da viele Gedanken dazu gemacht, weil ich finde, dass das nichts

Schlimmes ist. Das ist normal, dass man sich etwas nicht traut, dass man Angst vor der Konfrontation hat und dass man wirklich nicht so streng zu sich selbst sein darf.

Ich finde SELBSTLIEBE ist ein wichtiges Thema, wenn man sich das nicht antun möchte, diese Gespräche, dieses Bloßstellen oder was auch immer auf diesem Geburtstag von dieser Tante passiert.

Selbstliebe im Sinne von, dass du nicht von dir selbst so viel und so krasse Sachen erwartest, sondern dass du dich auch da Schritt für Schritt langsam an diese ganze Situation selbst heranführst. Dass du auch diese Sache in deinem Tempo und deiner Intensität machst, wie es für dich passt. Dafür habe ich eine Lösung.

Genau für dieses Szenario habe ich mir etwas überlegt, und zwar bekommst du von mir jetzt hier einen Tipp beziehungsweise einen Freifahrtschein für die Zukunft, wie du damit umgehen kannst. Dieser besagte Geburtstag rückt immer näher, du weißt nicht, wie du aus dieser Situation rauskommen sollst, du möchtest da nicht hin, du spürst, das tut dir nicht gut, weißt aber nicht, wie du es sagen sollst.

Du findest nicht die passenden Worte. Dann erlaube ich dir hiermit heute an Ort und Stelle in Zukunft zu flunzen.

Hä? Was soll ich, flunzen? Was ist denn das bitte?

Moment, ich erkläre es dir.

Flunzen – ein Wort, das dir erlaubt, weich zu sein

Flunzen ist ein erfundenes Verb. Es steht irgendwo zwischen Wahrheit und Schutz, zwischen Nein und Nicht-Jetzt, zwischen Ehrlichkeit und Selbstliebe.

Flunzen bedeutet:
eine kleine, weiche, harmlose Unwahrheit zu sagen – nicht, um zu täuschen, sondern um dich selbst zu bewahren.

Flunzen ist kein Lügen.

Es ist keine absichtliche Irreführung.
Es ist kein Schauspiel.
Es ist kein Drama.

Flunzen ist, wenn du spürst:
»Ich kann heute nicht. Ich will, aber ich schaff's nicht. Und ich darf das so sagen, dass es niemanden verletzt – auch nicht mich selbst.«

Flunzen ist:
- ein Sicherheitsgurt für deine Grenzen
- ein Rettungsring, wenn du aus einem sozialen Zwang raus willst
- ein verbaler Seidenschal, statt einem harten Nein
- eine Notlüge mit Seele

Ganz genau das ist flunzen, und das darfst du machen, weil es dabei immer um dich geht und nicht um den gegenüber.

Wenn du merkst, du kannst nicht zu Tante Gertrudes Geburtstag dann rufst du am selben Tag Tante Gertrude an und sagst: »Tante Gertrude, ich kann nicht kommen, ich habe Durchfall!« Und hierbei spielt es keine Rolle, ob du wirklich Durchfall hast oder nicht, sondern es geht einfach darum, dich aus dieser Situation zu befreien.

Schritt für Schritt, jeden in seinem Tempo, in seiner Intensität und in seiner Geschwindigkeit und niemals im Vergleich zu irgendjemand andern. Das heißt, wenn du in diesem Jahr noch flunzen musst und vielleicht im nächsten Jahr auch noch, aber vielleicht in drei Jahren, da schaffst du es einfach ganz ehrlich zu sagen: »Tante Gertrude, immer, wenn du zu mir sagst, mein Po sei zu groß, dann brauche ich zwei Wochen, um mich wieder zu erholen, und das ist der Grund, warum ich nicht auf deinen Geburtstag komme.«

Also, hiermit hast du die Erlaubnis für dich, für dein Sein, für dein Wohlbefinden, für deine mentale Stärke, auch mal zu flunzen.

Ich habe euch ja hier schon ein paar Mal gesagt, dass ich diese Strenge uns gegenüber, diese Regeln, dieses ganze Konstrukt nicht verstehe und auch nicht gutheiße. Wir sind der Chef von uns selbst, niemand anderes darf das sein.

Das bedeutet eine Regel aufzuweichen oder vielleicht etwas liebevoller mit uns selbst zu sein, liegt immer in unserem Ermessen. Wir sind erwachsene Menschen, wir haben Intellekt und wir wissen doch ganz genau, was uns guttut und was eben nicht. Dann lass uns auch mal hinter diese Regeln schauen. Sie von einer anderen Seite beleuchten.

Und sich zu fragen: »Tut mir das jetzt wirklich gut, oder darf ich hier auch einfach ein bisschen weicher sein?«

Und in diesem Fall bedeutet das, dass das Ergebnis das Gleiche ist. Erst mal ist es wichtig, nicht auf den Geburtstag zu gehen.

Jetzt kommen die Skeptiker, die sagen, ja, aber am Ende ist es eine Lüge. Aber für mich ist es keine Lüge, denn ich bestimme ja selbst über mein Verhalten und mein Leben, für mich ist es flunzen. Ich schade damit niemandem, im Gegenteil, ich helfe mir, wieder ein Stück glücklicher zu werden.

Und wer sind wir denn, dass wir meinen, urteilen zu dürfen?

Ich kenne die Geschichte der anderen nicht, warum sollte ich dann urteilen dürfen?

Sei liebevoll zu dir und wenn du erkennst, du hast eine toxische Beziehung, wenn du erkennst, das tut mir gerade nicht gut, dann sorge dafür, dass du weniger Zeit mit dieser Person oder mit dieser Situation verbringst.

Und das gilt immer!

Das gilt auch dafür, wenn du so voll mit Terminen bist und einfach keine Zeit für jemand anderen hast. Auch hier geht es um

Priorisierung und Selbstliebe. Bring dich bitte nicht in komische Situationen, nur um anderen zu gefallen,

Damit andere sagen, schau mal, sie ist so belastet und sie macht das trotzdem für mich, das ist nicht gesund.

Das sind die Menschen, die sich krank zur Arbeit schleppen und hoffen, vom Chef dafür gelobt zu werden. In erster Linie darfst du lernen, dass du für dich einstehen darfst.

Du darfst glücklich, zufrieden und ausgeglichen sein, damit du das an andere weitergeben kannst. In dem Moment, in dem du das verstanden hast, beginnt die Heilung. Dann beginnt es in dir zu arbeiten, beginnt es rund zu werden und du wirst merken, was es bedeutet, mit einer vollen Batterie, mit voller Energie, mit gutem Gefühl ins Leben zu steigen und es zu leben.

Toxische Beziehungen rauben uns nicht nur Energie – sie rauben uns oft das Gefühl, uns selbst noch zu spüren. Sie hinterlassen Zweifel, Schuld und ein schwächeres Selbstbild. Und oft merken wir erst im Rückblick, wie sehr sie uns zermürbt haben.

Aber du darfst dir erlauben, dich abzuwenden, abzugrenzen oder auch auszusteigen.

Nicht aus Härte – sondern aus Selbstschutz.

Nicht aus Egoismus – sondern aus Selbstachtung.

Du bist nicht verantwortlich für das Verhalten anderer. Aber du bist verantwortlich dafür, wem du erlaubst, dauerhaft Einfluss auf deine innere Welt zu nehmen.

Fazit

Manchmal braucht es den Mut, nicht zu retten, nicht zu erklären, nicht zu bleiben – sondern einfach zu sagen: *»Ich wähle mich«*. Und genau das ist kein Bruch mit der Liebe, sondern der erste Schritt zurück zur gesunden Beziehung mit dir selbst.

Und weißt du, das Interessante an dem Ganzen ist immer das Gleiche, wenn wir Sachen, die nicht gut für uns sind, minimieren, dann haben wir mehr Platz in unserem Leben für Sachen, die uns guttun. Das müssen nicht zwangsläufig Menschen sein kann, das können auch andere Sachen sein, die deinem Herzen guttun. Bei mir zum Beispiel ist es so, dass mich stärkende Gespräche mit guten Menschen immer unheimlich erfüllen und mir sehr viel Energie geben.

Mir tut das so gut, wenn ich mit Menschen spreche, die ähnliche Ansichten haben wie ich, ähnliche Werte, ähnliche Ideen, mit denen ich in die gleiche Richtung schaue. Mit denen ich zusammen träumen kann, Visionen haben kann, Ideen, was auch immer. Das füllt meine Batterien und dafür bin ich sehr dankbar.

Ich möchte hier an dieser Stelle noch einmal etwas anderes zu bedenken geben und zu dem Zitat von Jim Rhodes zurückkommen, dass du der Durchschnitt der fünf Menschen bist, die dich umgeben. Stell dir vor, du möchtest dich von deinem Partner trennen und du schaffst es nicht (by the way, ich habe 10 Jahre dafür gebraucht), aus welchen Gründen auch immer. Und du hast eine allerbeste Freundin, die du sehr liebst, mit der du dich sehr gut verstehst und die genau das gleiche Problem hat wie du. Jetzt frage ich dich, ganz ehrlich, ganz offen, ohne irgendwelche emotionalen Eskapaden: Wie groß ist die Wahrscheinlichkeit, dass ihr einen Weg finden werdet, euch jetzt aus dieser Beziehung zu lösen, wenn ihr beide euch über Trennung und unglückliche Beziehungen austauscht? Ihr werdet wahrscheinlich viele Gemeinsamkeiten finden, Parallelen, die euch verbinden. Ihr könnt über bestimmte Situationen lachen oder auch weinen. Ihr könnt euch so gut abholen, weil ihr die gleiche Situation erlebt und da nicht rauskommt, obwohl ihr das gerne würdet.

Aber wie groß ist die Wahrscheinlichkeit, dass ihr beide gemeinsam nun einen Weg herausfindet? Ich kann es dir sagen: relativ gering!

STOPP … Das sagt nichts über die Freundschaft oder über den Menschen aus! Verstehe mich bitte nicht falsch! Es geht nur um das Problem und die Frage, mit wem du über dieses Thema sprechen solltest? Wie wäre es zum Beispiel, wenn du mit jemandem darüber sprichst, der genau die gleiche Situation durchlebt hat, aber schon viel weiter ist. Vielleicht hat diese Person sogar darüber ein Buch geschrieben, einen Podcast, einen Film oder was auch immer gemacht. Jemand im Freundeskreis, der die gleiche Situation erlebt hat. Eine Gruppe, die es zum Thema macht und schon Erfolge erzielt hat. Am Ende ist es egal, wer es ist und in welchem Verhältnis du zu der Person stehst. Es geht nur darum, dass sie schon da ist, wo du gerne wärst, denn dann kann sie dir wirklich Tipps geben und dir erklären, was du machen kannst, um dahin zu kommen, wo diese Person schon ist.

Wenn du diese Person zu deinen fünf Personen holst, dann hast du dein Problem bald behoben. Verstehst du, was ich meine?

Gerade bei der lieben Verwandtschaft ist es natürlich viel schwerer. Wenn Familie als Institution funktioniert, dann ist es etwas Wunderbares. Etwas, was dich hält, dich stärkt und nährt. Aber darüber reden wir hier ja nicht, wir reden darüber, wenn es nicht so ist und einen wirklich kaputt macht und Energie zieht. »Ach, sie ist halt deine Mutter« oder »Er ist halt dein Bruder«, kennen wir alle. Aber was heißt das? Nur, weil jemand mit mir verwandt ist, muss ich Schmerzen länger aushalten? Gibt es einen Freifahrtschein für Verwandte? Muss man da mehr aushalten?

Nun stell dir mal Folgendes vor. Setzt dich auf einen Stuhl schließe deine Augen und gehe deine komplette Verwandtschaft durch. Jeden Einzelnen. Und jetzt stell dir folgende Frage, ohne Wertung, ohne Urteil einfach diese Frage stellen: Mit wem meiner Verwandten wäre ich befreundet, wenn ich nicht mit ihnen verwandt wäre? Mit wem würde ich freiwillig Zeit verbringen? Und genau das das sind die Menschen, mit denen du weiterhin deine Freizeit verbringen solltest. Alle anderen würde ich auf ein Minimum runterfahren, damit dein Akku sich mit anderen guten Sachen füllen kann.

In diesem Zusammenhang habe ich einmal einen ganz großartigen Satz gehört:

BLUT IST NICHT DICKER ALS MENTALE GESUNDHEIT.

Und für deine mentale Gesundheit bist nur du zuständig.

Fazit

Nicht jede Verbindung ist Wachstum – manche sind einfach nur Gift mit Schleife. Du darfst dich trennen, ohne Drama. Selbstliebe heißt manchmal: Absagen. Abgrenzen. Aufatmen. Du darfst alles limitieren, aber dich niemals. Du bist der Schöpfer deines Lebens, in jeder Facette.

Wir haben jetzt über toxische Beziehungen gesprochen, jetzt gibt es aber auch toxische Dinge bzw. Handlungen. Also nicht nur Menschen, die dir nicht guttun, sondern Situationen beziehungsweise Dinge, die du aus deinem Leben raus filtern darfst. Da fallen mir zwei ganz konkrete und wichtige Beispiele ein, die in meinem Leben schon viel bewirkt haben, erst negativ und dann positiv.

MEINE TOXISCHEN VERHALTENSWEISEN

Das ist ein Beispiel von mir, das vielleicht gar nicht auf euch passt, aber es ist vielleicht ein Impuls für euch, um zu verstehen, warum ich das für mich geändert habe.

Ich habe vor ungefähr 20 Jahren gemerkt, dass es immer etwas mit mir macht, wenn ich Nachrichten im Fernsehen sehe oder im Radio höre. Um das genau zu erklären, muss ich etwas ausholen. Vorneweg, um gleich mal zu spoilern, ich schaue seit 20 Jahren keine Nachrichten mehr und höre auch keine Nachrichten mehr im Radio. Früher habe ich mir über sowas gar keine Gedanken gemacht. Es war einfach ein Teil meines Lebens. Nachrichten kamen im Fernsehen im Radio, ich habe sie wahrgenommen oder halt auch nicht, habe mir Sorgen gemacht oder habe geweint, getrauert, war fasziniert oder erstaunt und manchmal auch wirklich sehr geschockt über Themen, die da im Fernsehen in den Nachrichten gezeigt wurden. Aber als ich bewusster wurde, da habe ich gemerkt ich muss aufpassen, was ich da in meinen Kopf reinlasse. Ich muss aufpassen was ich da in meine Seele, in mein Innerstes, in meine Energie, in meine Schwingung – nenne es, wie du willst, reinlasse. Ich habe gemerkt, wenn ich Nachrichten schaue oder höre, ist wirklich selten, sehr selten etwas dabei, was mir Freude bereitet oder etwas dabei, was mich zum Lachen bringt oder etwas, das mich glücklicher, leichter oder friedvoller fühlen lässt.

Nein, es ist eher das Gegenteil der Fall.

Aber was war die Lösung?

Ich habe angefangen, keine Nachrichten mehr zu schauen und das auch zu kommunizieren. Was ist dann passiert in meinem Umfeld? Ich bin auf ganz große Gegenwehr gestoßen.

Viele Menschen sagen mir immer wieder bis heute: Du bekommst ja gar nicht mit, was auf der Welt los ist. Du bekommst nicht mit, was um dich herum passiert.

Du bist überhaupt nicht mehr in der Realität.

Du bist komplett weg und kannst nichts mehr einschätzen. Das ist unverantwortlich.

Das habe ich so oft gehört und natürlich machst du dir darüber dann auch Gedanken. Irgendwann hatte ich das Rückgrat, entweder gar nicht zu antworten oder mit den Menschen darüber zu sprechen, denn meine Argumentation ist ganz klar und direkt. Ja, du hast recht, ich bekomme in dem Augenblick nicht alles mit. Die Frage hier ist, muss ich denn alles immer sofort mitbekommen? Ich erfahre dennoch viele Sachen, fast alles, weil ich ja auf dieser Welt lebe. Ich habe Nachbarn, Eltern, Freunde, Bekannte und Verwandte, die sprechen immer wieder über das, was in der Welt passiert. Wenn ich erkenne, dass etwas passiert, was ich für mein Leben für wichtig empfinde, dann hole ich mir selbstständig die Informationen. Und zwar aus einer Quelle, die meiner Meinung nach professionell und adäquat dafür ist.

Was ich aber nicht sehen möchte, sind BILDER.

Ich möchte kein Elend sehen.

Ich möchte keine Not sehen.

Ich möchte keine sterbenden, leidenden Menschen oder Kinder sehen.

Weil, und Achtung, das ist, nicht egoistisch, was ich jetzt hier an dieser Stelle sage, im Gegenteil: Wenn ich sehe, wie irgendwo ein Mensch leidet, getötet oder misshandelt wird, ändert es nichts an dem Leid dieses Menschen.

Das Leid wird nicht kleiner, im Gegenteil, es wird größer, weil mein Leid noch dazukommt. Ich sitze dann zu Hause vor dem Fernseher, schaue mir dieses Elend an und mir verdreht es den Magen. Mir wird schlecht, ich beginne zu weinen und ich habe keine Energie mehr. Ich bin traurig und energielos, weil ich mir Gedanken darüber mache, warum Menschen auf unserem Planeten unschuldig sterben müssen, unschuldig. Ich habe in dem Augenblick nicht mehr die Energie, um einer Nachbarin zu helfen, die Einkaufstüten reinzutragen. Oder dem Nachbarskind bei den

Hausaufgaben zu helfen. Weil ich diese Energie bei den Bildern im Fernsehen gelassen habe.

Versteht ihr, was ich meine?

Es geht nicht darum, dass ich es nicht wahrhaben möchte!

Es geht darum, dass ich meine Energie bei mir behalten möchte, um anderen Menschen in meiner Nähe, in meinem Wirkungskreis zu helfen. Deshalb weiß ich trotzdem, dass Kriege passieren und dass Menschen unschuldig sterben.

Ich unterstütze, wo ich nur kann, um das zu verhindern. Ich kläre auf, gehe auf Bühnen und versuche so viel Gutes wie möglich auf dieser Welt zu tun. Was ich aber nicht mehr möchte, ist wie ein Lemming vor diesem rechteckigen Ding sitzen und mir die Sachen ungefiltert einfach reinzuziehen, ohne Wenn und Aber, ohne zu wissen, was da auf mich zukommt, und nichts ändern zu können. Das ist wie ein Unfall, an dem ich vorbeifahre und hinschauen muss, aber nicht helfe, nein, im Gegenteil, ich verursache womöglich noch einen Stau.

Dem Opfer ist aber damit überhaupt gar nicht geholfen.

Versteht mich nicht falsch. Wenn ihr gerne Nachrichten schaut, macht das weiterhin mit gutem Gewissen und mit allem, was es dafür braucht. Aber ich für mich habe festgestellt, dass mir das Energie entzieht und ich es deshalb einfach nicht mehr möchte. Bei uns zuhause läuft der Fernseher sowieso kaum noch und Nachrichten sowieso gar nicht. Meine Kinder dürfen auch keine Nachrichten schauen und im Auto hören wir auch keine Nachrichten. Bisher habe ich nicht das Gefühl, dass das ihnen oder uns schadet.

Im Gegenteil, ich habe das Gefühl, dass uns das viel mehr Energie gibt und wir die Zeit effektiv nutzen. Gilt bei mir übrigens nicht nur für Nachrichten, sondern generell für den Konsum von Filmen oder Serien, die mir nicht guttun. Ich habe bis heute äußerst wenige Kriminalfilme angeschaut, Horrorfilme noch nie und Psychothriller auch noch nicht.

Nach jedem Fall bei »Aktenzeichen XY« hatte ich Angst, dass bei mir eingebrochen wird. Also habe ich angefangen, das alles zu meiden. Ich schaue viel lieber eine Schnulze oder etwas Lustiges. Eine Tier-Doku oder eine Dokumentation über das Meer, Natur oder sonstiges.

Hier ein kleiner Gedankenanstoß dazu:
Fernsehen ist kein Hintergrundrauschen – es ist seelischer Input

Viele Menschen lassen den Fernseher einfach »nebenher laufen«. Zur Unterhaltung. Zur Berieselung. Oder damit es nicht so still ist im Raum. Aber was du da nebenbei aufnimmst, ist nicht neutral. Es sind Bilder, Töne, Meinungen, Dramen. Und dein Nervensystem? Das hört zu. Immer. Egal, ob es eine Talkshow mit Menschen ist, die sich anschreien, ein Krimi mit der dritten Leiche in zehn Minuten oder die Nachrichten, die dir mit ernster Stimme erklären, dass die Welt schon wieder kurz vorm Zusammenbruch steht: Dein Körper registriert das. Deine Seele auch. Du spürst es – auch wenn du denkst, du hörst nur mit halbem Ohr hin.

Wenn du täglich Serien mit toxischen Beziehungen schaust, brauchst du dich nicht wundern, wenn sich dein Weltbild verformt. Wenn du dich ständig mit Gewalt, Angst und Konflikten berieseln lässt, ist es ganz natürlich, dass du dich innerlich angespannt, leer oder misstrauisch fühlst – ohne zu wissen, warum. Fernsehen ist wie gedankliches Fast Food. Schnell serviert, leicht zu verdauen, aber auf Dauer …

Du darfst entscheiden, in was du »reinschaust!« Du musst nicht abschalten – aber du darfst bewusst einschalten.

Du darfst dich fragen:
»Warum schaue ich das gerade?«
»Fühle ich mich danach besser oder schlechter?«
»Würde ich mit dieser Energie schlafen gehen wollen?«

Manchmal ist der beste Sender einfach: Ruhe.
Oder Musik. Oder ein Gespräch. Oder ein leerer Bildschirm.

Fazit

Fernsehen ist kein Lückenfüller.
Es ist eine Entscheidung: Was lasse ich in mein System?
Wähle weise. Dein Kopf ist kein Müllplatz. Und deine Seele kein Mülleimer für Weltuntergangsstimmung.

Was ich hier als Fernsehen aufreihe, gilt natürlich für alles, was mit Bild und Ton zu tun hat. Also auch Kinofilme oder Serien oder sonstiges. Auch Podcasts, die gruselig sind, passen hier rein. Oder so ganz krasse, heftige Bücher.

Der Autor und Speaker Tobias Beck hat mir mal erzählt, dass er mit einem Mönch gesprochen hat, und der hat ihm gesagt: »Ihr Menschen seid manchmal wirklich komisch. Ihr schaut euch Filme an, die nicht für eure Seelen gemacht sind, das erträgt eine Seele nicht. Dafür ist sie nicht ausgestattet, und umso mehr ihr eure Seele dem aussetzt, umso mehr zieht sie sich zurück.«

Irgendwie kam der Gedanke bei mir ganz gut an, ich hatte das Gefühl, ja das passt. Also gib gut acht, was du da oben rein lässt, weil am Ende spielt das auf alle Fälle eine Rolle. In deinem inneren Barometer erschüttert dich das und dann musst du dich nicht wundern, dass es dir geht, wie es dir geht.

Wenn du damit aufhörst, hast du, wie schon ein paarmal erwähnt, mehr Zeit für die guten Dinge im Leben. Du hast mehr Zeit für die Dinge, die dein Herz füllen und dir ein besseres Gefühl geben. Bewusstsein für dein Inneres und Äußeres ist die Formel, um die es geht.

Das zweite Beispiel ist etwas, das ich noch gar nicht so lange geändert habe. Maximal anderthalb Jahre würde ich sagen.

Wer mich kennt, der weiß, dass ich nicht die angeblich ideale Hosengröße 36/38 habe und dass ich auch nicht die ebenso angeblich ideale Körpergröße von 1,70 m habe, früher hätte man gesagt 90/60/90. Ich bin sehr klein, ganz knapp über 1,50 m, und ich wiege viel mehr als der BMI für gut befinden würde. Ich trage Hosengröße 42, umgerechnet so eine klassische L. Ihr könnt euch vorstellen, dass es in dieser Kombination, kleiner Mensch und nicht die kleinste Größe, manchmal mit Kleidung nicht unbedingt so einfach ist. Es stellt mich tatsächlich manchmal vor Herausforderungen. Es kommt schon vor, dass ich einfach keinen Bock habe etwas zu kaufen, weil ich mir dieser Situation nicht ausgeliefert vorkommen möchte. Ich möchte keine Hose anziehen, die ich nicht zumachen kann, ich möchte keine Bluse anprobieren, bei der die Knöpfe vorne nicht zu gehen, keine Jacke, die zu eng ist und so weiter.

Viele würden in der Situation einfach die nächstgrößere Größe nehmen: Mir passt L nicht, okay, egal, dann nehme ich halt XL. Luft nach oben gibt es da ja, weiß Gott, genug.

Aber wisst ihr, wie ich mich da limitiert habe? Solche Situationen haben mich bis vor anderthalb Jahren komplett aus der Fassung gebracht? Nein? Ohh, doch, und wie. Ich sags dir. Ich wollte keine XL-Hose anziehen, geschweige denn eine XXL-Hose. Nein, um Gottes Willen, auf gar keinen Fall.

Wenn ich zum Beispiel eine Jacke in L anprobiert habe und diese Jacke ging nicht richtig zu, dann habe ich mir diese Jacke nicht gekauft. Auch nicht in XL. Gleiches galt für Hosen oder sonstiges. Mir war auch egal, ob ich das Kleidungsstück noch so schön fand: Da stand was in der Hose oder in der Jacke hinten drinnen, was ich auf gar keinen Fall tragen wollte.

Könnt ihr euch das vorstellen? Kannst du dir das vorstellen, dass du dein Leben von einer Zahl, die auf einen Zettel geschrieben wird, der dann in die Kleidung eingenäht wird, bestimmen lässt? Wenn ich das heute so schreibe und darüber nachdenke, dann greife ich mir an den Kopf und frage mich wirklich, bist du eigentlich total bescheuert? Was ist denn da schiefgelaufen bei dir? Das ist nur ein scheiß Zettel, das ist nur eine scheiß Zahl, die da in dieser Kleidung steht, mehr nicht.

Wir sprechen jetzt auch nicht darüber, dass verschiedene Mode-Labels verschiedene Größen haben und eine 42 bei einem anderen Label eine 44 oder sogar 46 ist und dann wiederum auch eine 40 sein kann. Es gibt kein einheitliches Maß.

Verrückt. Komplett verrückt. Ich habe wirklich lange gebraucht, um zu verstehen, dass das gar keine Rolle spielt, welche Zahl in dem Kleidungsstück steht.

Ähnlich wie mit dem Alter, merkst du was? Es spielt keine Rolle, welche Zahl, welche Marke, es spielt nur eine Rolle, ob es dir gefällt und ob du dich darin wohl fühlst. Denn Kleidung, die dir nicht passt, Kleidung, die dich zwickt, die dir immer wieder zeigt »Du bist zu viel für diese Kleidung«, ist auch toxisch. Das ist wieder etwas, das von außen auf dich einwirkt, was dich schlecht fühlen lässt. Und genau das brauchst du nicht. Niemand braucht das.

Kauf dir Kleidung, die dir passt!
Kauf dir Kleidung, die du schön findest!
Kauf dir Kleidung, in der du dich gut fühlst!

Denn du hast es verdient, dass du DICH gut behandelst und dass du nicht so streng zu dir bist. Friedvoll und liebevoll, das darfst du zu dir selbst sein. Und dann erkennst du, was sich in dir drinnen verändert. Dann merkst du, wie wichtig dein Innerstes ist und wieviel da schon ist. Und umso mehr du dich darum kümmerst, umso mehr du deinem Inneren die Möglichkeit gibst, zu wachsen und präsent zu sein, umso glücklicher, zufriedener und ausgeglichener wirst du in deiner Wirkung und in deinem Außen sein. Du wirst so viel mehr erreichen, du wirst so viel mehr in deinem Leben schaffen, deine Energien werden zurückkommen, Ideen werden zurückkommen, weil dein Geist und deine Seele wieder nach vorne gekrochen kommen, weil du einfach sehr viel Zeit mit guten Dingen verbringen wirst, die deinen Kern füttern.

Dein Körper und du, ihr seid eine Einheit, ihr seid das Beste Team überhaupt. Und wenn du erkennst, wie wundervoll ihr als Einheit funktioniert, kann es magisch werden. Ich möchte dir mal eine Geschichte erzählen, über dich und deinen Körper, der aus vielen vielen Zellen besteht.

DIE GRÖSSTE LIEBESGESCHICHTE: DU UND DEINE ZELLEN

Empfindest du das jetzt als sehr spirituell? Ich gar nicht. Das ist einfach nur ein Baukasten mit vielen Werkzeugen, die dir helfen, dich besser zu fühlen. Und für nichts davon musst du viel Geld ausgeben und oder weit wegfahren. Alles ist da, alles ist in dir, du musst es nur merken und dir dessen bewusst werden, was für ein toller Mensch du bist und was du schon alles geleistet hast.

Ich möchte dir mal eine kleine Sache über dich und deine Zellen erzählen.

Bevor du weiterliest, atme mal tief durch, ja, so richtig tief ein- und ausatmen. Denn was jetzt kommt, hast du so wahrscheinlich noch nie gehört, aber es ist so krass und so faszinierend.

Und jetzt stell dir vor:
In deinem Körper sind über dreißigtausend Milliarden Zellen. Und jede einzelne davon ist ein kleines Universum. Kein Witz. Kein Eso-Kram oder Spiri-Kram. Reine Biologie.

Eine Zelle ist nicht einfach ein Knubbel unter dem Mikroskop. Sie ist ein hochkomplexes System, eine Mischung aus Rechenzentrum, Recyclinghof, Kraftwerk, Lagerhalle, Reparaturservice und Kommunikationsexperte. Ein kleines Wunderwesen. Und das Krasse ist: All das passiert – jetzt gerade – in dir. Ohne, dass du es merkst.

Stell dir das mal so vor:

Jede deiner Zellen ist wie ein perfektes Mini-Unternehmen. Sie hat einen klaren Bauplan (DNA), eine Chefetage (Zellkern), Produktionsanlagen (Ribosomen), Lieferketten, Energieversorgung, Qualitätssicherung, und sie ist 24/7 im Einsatz – ohne Urlaub. Ohne Pause. Ohne Anerkennung. Sie heilt dich, erneuert dich, schützt dich, verarbeitet alles, was du isst, denkst, fühlst – und sie fragt nicht mal nach Dankbarkeit. Das ist nicht »normal«. Das ist ein Wunder. Dass dein Herz schlägt, dass deine Haut sich regeneriert, dass du atmen kannst, denken, lachen, weinen – all das ist das Ergebnis eines unvorstellbar komplexen Zusammenspiels von Zellen.

Und weißt du, was verrückt ist?

Es funktioniert. Einfach so. Jeden Tag. Ohne, dass du darum bittest. Ohne, dass du etwas dafür tun musst. Du bist das Zuhause eines biologischen Meisterwerks. Du bist das Wunder! Wenn du also glaubst, du seist »nicht genug«, ... dann erinnere dich an deine Zellen. Sie geben alles für dich. Seit dem Tag deiner Geburt.

Ohne Zweifel. Ohne Pause. Ohne Bedingung.

Du bist nicht klein. Du bist ein laufendes Wunderwerk – und das jeden verdammten Tag.

Als mir das zum ersten Mal so bewusst wurde, musste ich wirklich schlucken, denn es ist ein Wunder und das jeden Tag aufs Neue. Überleg dir mal, was du da jeden Tag schaffst und wie einzigartig und wundervoll du bist. Und das passiert alles in dir drinnen, ohne dass du etwas dazu tust. DU bist einfach schon perfekt, du darfst es jetzt noch zulassen, und erkennen, und dann wird es wunderbar, das verspreche ich dir!

GLAUBE, DANKBARKEIT UND HUMOR!

Und schon sind wir beim nächsten Werkzeug in unserem Baukasten. Den ich übrigens (mental) immer mit dabeihabe, auch hier oben auf dem Teppich liegt er neben mir, und immer, wenn ich etwas davon brauche, hole ich es mir bewusst oder unbewusst raus und benutze es. Ich glaube, du bist niemals »Traumata los«, gibt es das Wort überhaupt? Es gibt immer was aufzuarbeiten oder wegzuatmen ☺, aber ich glaube, wenn wir anfangen, uns wieder leichter zu fühlen, dann kann es nur gut und richtig sein.

Humor ist das, was ich wirklich so richtig gut kann. Mir wurde das sozusagen in die Wiege gelegt. Ich muss mich nicht wirklich anstrengen, um lustig zu sein. Ich liebe es, Menschen zum Lachen zu bringen und vor allen Dingen mag ich es, wenn ich es schaffe, sie für einen Moment oder auch für länger von ihren Sorgen und Problemen abzulenken. Aber mal erst von ganz vorne. Was macht Humor mit uns bzw. was macht Lachen mit uns?

Lachen ist kein Zufall. Es ist ein echtes Hochleistungsprogramm deines Körpers – und zwar eines der gesündesten, das du ganz ohne Rezept, ohne Nebenwirkungen und ohne Monatsabo nutzen kannst. Wenn du lachst, brennt in deinem Körper ein echtes Feuerwerk:

1. Glückshormone werden ausgeschüttet

Beim Lachen produziert dein Gehirn eine ganze Welle an positiven Botenstoffen:

- Endorphine – deine natürlichen Schmerzmittel
- Dopamin – dein Motivationsturbo
- Serotonin – dein Stimmungsaufheller

Das bedeutet: Du fühlst dich leichter, entspannter, sicherer – und das oft noch lange nach dem Lachen.

2. Lachen stärkt dein Herz

Beim herzhaften Lachen erweitern sich die Blutgefäße, der Blutdruck sinkt, dein Kreislauf kommt in Schwung – ganz ohne Sport. Dein Herz wird durchblutet, deine Gefäße entspannen sich. Man sagt nicht umsonst: Lachen ist Herzenssache.

3. Dein Atem wird tiefer und bewusster

Beim Lachen atmest du tief ein und kräftig aus – oft sogar mehrmals hintereinander. Das versorgt deinen Körper mit Sauerstoff und »lüftet« die Lunge durch. Es ist fast wie eine kleine Atemtherapie – ganz ohne Yoga.

4. Lachen stärkt dein Immunsystem

Studien zeigen: Wer regelmäßig lacht, hat mehr aktive Immunzellen im Blut. Warum? Weil Stresshormone wie Cortisol gesenkt werden – und gleichzeitig das Immunsystem aktiver arbeiten kann. Du bist nicht nur besser gelaunt – sondern auch besser geschützt.

5. Lachen bringt dich ins Jetzt

Wenn du lachst, bist du ganz da. Du denkst nicht an morgen, du grübelst nicht über gestern. Lachen ist wie eine Mini-Meditation mit Schallwellen. Es katapultiert dich in den Moment – mit Leichtigkeit und Präsenz.

Fazit

Lachen ist kein Luxus. Es ist ein biologisches Geschenk, es bringt Körper, Geist und Seele in Einklang – in Sekundenschnelle.
Du darfst lachen – laut, albern, hemmungslos. Weil es heilt. Weil es verbindet. Weil es dich an dich selbst erinnert. Also der Satz: »Lachen ist die beste Medizin« ist tatsächlich begründet und kommt nicht von irgendwoher.

Und da wir uns ja hier alles sagen, schauen wir uns das Lachen jetzt mal auf spiritueller Ebene an. Lachen ist mehr als ein Reflex.

Es ist ein Ausdruck deines Bewusstseins – und eine direkte Verbindung zu deinem inneren Licht. Spirituell betrachtet, wirkt Lachen wie ein Energieimpuls, der dich für einen Moment mit deiner wahrhaftigen, freien Essenz verbindet.

1. Lachen verändert dein energetisches Feld

Jeder Mensch bewegt sich in einem individuellen Schwingungsfeld – geformt durch Gedanken, Emotionen, Erinnerungen und Glaubensmuster. Wenn du lachst, passiert energetisch ein Frequenzwechsel: Du hebst dich aus einer verdichteten Schwingung (z. B. Angst, Scham, Kontrolle) in eine höhere Frequenz von Präsenz, Leichtigkeit und Selbstannahme. Lachen macht dein Feld weiter. Freier. Durchlässiger.

2. Lachen löst emotionale Blockaden

Emotionen, die nicht ausgedrückt werden, stauen sich im Energiesystem. Lachen wirkt wie ein energetischer Löser: Es durchbricht starre emotionale Zustände, öffnet den Fluss und entlädt überschüssige Spannung – ohne, dass du etwas »bearbeiten« musst. Du musst nicht alles verstehen, um es loszulassen. Manchmal reicht ein ehrliches Lachen.

3. Lachen bringt dich ins Jetzt – und damit in Verbindung zur Seele

Wenn du lachst, verschwindet der innere Dialog. Der Verstand wird kurz still. Und genau in diesem Moment entsteht Kontakt zur inneren Stille – zum Selbst.

In spiritueller Sprache: Lachen hebt dich aus dem Ego-Verstrickt sein heraus – und bringt dich zurück in die Gegenwärtigkeit, wo deine Seele wohnt.

4. Lachen erinnert dich an deine wahre Natur

- Die Seele ist kein Drama.
- Sie ist nicht schwer.
- Sie ist nicht nur Schmerz und Karma.
- Sie ist Licht. Verbindung. Klarheit. Wärme. Humor.
- Lachen öffnet ein Tor in genau dieses Feld: Es zeigt dir für einen Moment, dass du nicht alles kontrollieren musst, nicht alles verstehen musst, nicht perfekt sein musst.
- Du darfst Mensch sein – mit allem, was dazugehört. Und dieser Moment der Selbstannahme ist der spirituellste Zustand überhaupt.

Spirituelles Fazit

Lachen ist wie ein Gebet ohne Worte.
Ein Reset deines inneren Feldes.
Eine Einladung an deine Seele, sich wieder frei zu zeigen.
Es ist der sanfteste Weg zurück zu dir.

Es gibt im Leben so viele Situationen, in denen wir einfach lachen könnten, anstatt uns zu ärgern oder so richtig wütend zu werden. Seid ihr schon einmal bewusst durch den Supermarkt gegangen und habt den Leuten ins Gesicht geschaut? Falls ihr das noch nie gemacht habt, dann kann ich es euch nur empfehlen. Die Menschen sind zu 85 Prozent genervt, verärgert oder total angepisst.

Ich frage mich dann immer: Warum?

Was geht den Menschen denn gerade so dermaßen auf die Nerven? Ja, du könntest jetzt sagen, ja, das Einkaufen an sich, da hat doch keiner Bock drauf. Versteh ich! Es ist jetzt auch nicht eine meiner Lieblingsdisziplinen, aber das ist bei so vielen anderen Sachen eben auch so, die gehören halt einfach dazu.

Ach, hier habe ich so eine ganz eigene Einstellung, ich versuche, in Dinge oder Situationen, die einfach dazugehören und die ich nicht ändern kann, so wenig Emotionen möglich reinzulegen. Oder bewusst gute Emotionen reinzulegen.

Was heißt das konkret?

Wenn ich etwas tun muss, was für mich absolut nur Zeitverschwendung ist, dann versuche ich, es nicht auch noch verärgert zu tun.

Beispiel: Duschen!

Ja, wirklich! Ich finde Duschen ist absolute Zeitverschwendung. Und dennoch mache ich es jeden Tag, weil es wichtig ist, weil es gesund ist, weil ich nicht riechen möchte und weil es halt sich gehört, sich zu waschen. Der Gedanke, aus dem Bett zu steigen und dann unter fließendem Wasser zu stehen, oder am Abend, bevor man ins Bett geht, ist für mich so fern, wie wenn du einem Elefanten sagst, er soll Ballett tanzen. Ich meine das wirklich ernst, auch wenn du jetzt bestimmt darüber lachst. Ich mag es nicht, dieses flüssige Wasser auf meiner Haut. Und dennoch mach ich es wie gesagt jeden Tag. Ich fühle mich danach frischer und es gehört halt dazu. Früher saß ich auf der Toilette und habe diese Dusche angestarrt und habe geschimpft, und zwar ziemlich intensiv. Warum soll ich jetzt duschen? Was soll der ganze Scheiß? Ich habe keine Lust, so ein Kackding! Reinsteigern, das kann ich sehr gut ☺

Das mache ich jetzt nicht mehr, ich mache es einfach. Ich verschwende meine Energie nicht mit negativen Dingen, die ich nicht ändern kann oder will. Ich habe bewusst genau dieses Beispiel genommen, weil es irgendwie ein bisschen witzig ist, und ich hoffe, dass ihr auch etwas lacht, während ihr dieses Buch lest.

Es gibt aber noch so ein paar andere Sachen, die ich mittlerweile auch versuche, mit so wenig negativen Emotionen wie nur möglich zu füllen. Zum Beispiel das morgendliche Aufstehen.

Ich würde auch gerne länger schlafen. Immer wenn der Wecker klingelt, habe ich früher gedacht: »Oh mein Gott, ist die Nacht etwa schon vorbei?« Nun gehe ich da viel rationaler ran: Wenn der Wecker klingelt, stehe ich auf. Fertig, aus, vorbei! Weil ich mir den Wecker schon am Abend so spät wie möglich gestellt habe, und ich weiß ja, an dieser Stelle, dass es einen Grund gibt, warum ich genau um diese Uhrzeit aufstehen muss. Sonst hätte ich mir diesen Wecker nicht gestellt. Es klingelt, ich stehe auf, laufe ins Bad, das ist der Ablauf. Keine Emotion, nichts, was dieses Ganze noch in irgendeiner Form erschwert.

Ist ja schon schwer genug aufzustehen.

Versteht ihr, was ich meine? Nicht noch extra negative Emotionen in eine Situation reinlegen, die mir eh schon auf den Sack geht. Und wenn du dich jetzt fragst, wie soll das gehen? Dann habe ich hier die Antwort. Ganz einfach. Kannst du dich an die Geschichte erinnern, als mein bester Freund mir gesagt hat, ich bin für meine Laune am Morgen verantwortlich? Gleiches Prinzip – gleiche Lösung – gleicher Ansatz – alles gleich, same same. Frage dich, ob es sich lohnt, diese Energie da reinzustecken und was das Ergebnis ist. Und eben genau hier findet das Umdenken statt. Wir legen oft negative Emotionen in Situationen und merken gar nicht, was das mit uns macht. Wenn wir davon ausgehen, dass alles Energie ist, was macht das dann mit uns?

Deshalb hier ein kleines Experiment für dich:
Wenn du in den nächsten Tagen einkaufen gehst, dann beobachte dich mal, wie du so durch die Gänge schlenderst. Wenn du nie einkaufen gehst, dann nimm eine andere alltägliche Situation, die du sonst nicht so magst. Na, wie gehst du so durch die Gänge? Bist du freundlich? Oder eher verhalten und grummelig? Das ändern wir ab heute. Ab heute gehst du freundlich lächelnd durch die Regale und die Aufgabe ist, dass du bei jedem Einkauf mindestens zehn Leute anlächelst.

Ich weiß, was du denkst. Was? Wen soll ich anlächeln? Das ist doch bescheuert, ich kenn die doch gar nicht. Stimmt, recht hast du, aber denk mal darüber nach, was es mit dir und mit dem Gegenüber machen kann, wenn du ihm ein Lächeln schenkst. Er wird komisch schauen, oder dir vielleicht den Vogel zeigen, oder aber zurücklächeln. Und das ist phänomenal, weil es so viel bewirkt in dir, aber eben auch in dem Gegenüber.

Das finde ich so wichtig, dass ich es euch nochmal aufschlüssele und zeigen möchte. Guckst du ...

Wenn du lächelst, passiert im Körper eine ganze Menge – auf physiologischer, neurologischer und hormoneller Ebene. Und das Beste: Viele dieser Prozesse laufen automatisch ab, selbst wenn das Lächeln bewusst oder »gestellt« beginnt.

Das heißt, selbst dieses höfliche Zurücklächeln, weil man nicht weiß, was man sonst machen soll, ist gut. Auch wenn du lächelst, obwohl dir nicht danach ist. Genau richtig. Lächle einfach, so viel wie möglich in den verrücktesten Situationen und du machst etwas sensationell Gutes für dich und dein Gegenüber. Schau mal, was da alles passiert:

1. Gesichtsmuskulatur wird aktiviert

Beim Lächeln werden vor allem zwei Muskelgruppen aktiviert:

- Musculus zygomaticus major: zieht die Mundwinkel nach oben
- Musculus orbicularis oculi: spannt sich um die Augenpartie (echtes Lächeln, auch »Duchenne-Lächeln« genannt)

Sobald diese Muskeln aktiv sind, erhält das Gehirn ein Signal: *»Hier passiert gerade etwas Positives.«*

2. Gehirn reagiert mit positiver Rückmeldung

Dein Gehirn interpretiert das Lächeln als Ausdruck von Freude – auch dann, wenn du keinen äußeren Grund dafür hast.

Das führt zur Ausschüttung folgender Neurotransmitter:

- Endorphine: natürliche Glückshormone, die auch schmerzlindernd wirken
- Dopamin: steigert Motivation, Wohlbefinden, »Belohnungsgefühl«
- Serotonin: wirkt stimmungsaufhellend, angstlösend, beruhigend
- Oxytocin (bei echtem, sozialem Lächeln): das »Bindungshormon« – stärkt das Gefühl von Vertrauen und Nähe

3. Der Atem vertieft sich

Ein Lächeln (und erst recht Lachen) löst oft unbewusst eine tiefere Atmung aus. Das:

- senkt den Stresspegel
- erhöht die Sauerstoffzufuhr im Gehirn
- bringt dein vegetatives Nervensystem (besonders den Parasympathikus) in Aktivität – das ist dein »Beruhigungssystem«

4. Dein Herz-Kreislauf-System profitiert

- Die Herzfrequenz sinkt leicht (wenn du entspannt lächelst)
- Die Blutgefäße weiten sich, was den Blutdruck senkt
- Deine Durchblutung verbessert sich – das Gesicht wird besser versorgt (deshalb sieht ein Lächeln oft auch »strahlend« aus)

5. Dein Immunsystem wird gestärkt

Ein Lächeln reduziert Stresshormone wie Cortisol und Adrenalin, was sich positiv auf dein Immunsystem auswirkt. Studien zeigen:

- Aktivere natürliche Killerzellen (Immunabwehr)
- Geringere Anfälligkeit für Infekte
- Schnellere Erholung bei leichten Krankheiten

6. Mentale und emotionale Effekte

- Du fühlst dich sofort verbundener mit dir selbst und anderen.
- Dein Gehirn »merkt« sich diesen Zustand – was langfristig deine Resilienz stärkt.
- Negative Gedankenschleifen werden unterbrochen – du kommst zurück in den Moment.

Fazit

Ein einfaches Lächeln löst ein ganzes Wellness-Programm in deinem Körper aus: weniger Stress, bessere Laune, gestärktes Immunsystem – und ein klarerer Kopf. Ob du bewusst lächelst oder spontan – dein Körper reagiert immer darauf. Und du kannst dieses Wissen ganz bewusst nutzen – als Mini-Reset im Alltag.

Lachen ist meine Methode, mit dem Lachen öffne ich die Herzen der Menschen und bringe sie in einen entspannten Zustand. Sie sind losgelöst und lachen und haben eine gute Zeit, sie genießen es, unterhalten zu werden und können dann so viel besser persönliche Botschaften annehmen, weil der Energiezustand ein ganz anderer ist. Wenn du also dabei bist, etwas zu lernen oder dir etwas anzueignen, dann gebe ich dir einen guten Tipp, lache davor am besten zehn Minuten, dann bist du in einem Zustand, in dem du supergut Informationen aufnehmen kannst, weil du entspannt bist.

Das heißt fürs Leben, lache so viel wie möglich. Lache in jeder möglichen Situation und wenn sie noch so skurril ist, lache, was das Zeug hält, damit du andere damit ansteckst und einfach so viel gute Energie in die Welt verteilst, wie es nur geht. Auch bei dem Thema Kindererziehung wird meiner Meinung nach viel zu wenig gelacht. Wir haben so viele Regeln, so viele Muster, so viele

Gerüste, in die wir versuchen, unser Kind zu stecken, um zu verstehen, was es da gerade macht oder warum es sich gerade so verhält. Wann hast du denn das letzte Mal mit deinem kleinen Menschen, so richtig herzhaft und aus voller Seele gelacht? Was meinst du, wie oft das Lachen Situationen entschärft?

Bei uns funktioniert das zum Beispiel supergut, wenn der Geschwisterstreit mal wieder ausbricht: einfach mal lachend rein gehen. Die Kinder anlachen, das löst so viel.

Stell dir mal vor, du gehst zu deiner Chefin einfach so ins Büro und schenkst ihr ein Lächeln einfach so. Die denkt, du hast einfach nicht mehr alle Tassen im Schrank. Hahahaha, du lachst gerade selbst darüber bei dem Gedanken. Ich auch übrigens, aber dann kannst du es ihr ja erklären, wenn du magst, und kannst du es als Ritual einführen.

Ach, es gäbe so viele Möglichkeiten im Leben, einfach mehr zu lächeln und Lachen in die Welt geben. Lasst uns damit beginnen, jetzt genau jetzt. Nicht morgen, nicht am Ende des Monats.

Nein, genau jetzt. Es wird Zeit.

10-MAL LÄCHELN – WEIL ATMEN ALLEIN EINFACH MANCHMAL NICHT REICHT

1. Ein Lächeln verändert die Stimmung – sofort.

Auch wenn es unbewusst erzeugt wird. Egal, ob Fake oder wirklich, dein Gehirn reagiert darauf, als wäre Freude wirklich da.

2. Lächeln ist ansteckend.

Es aktiviert die Spiegelneuronen deiner Mitmenschen. Ohne Worte, ohne Erklärung. Einfach durch dein Gesicht.

3. Lächeln verbindet.

Zwischen zwei Fremden kann ein Lächeln mehr Nähe erzeugen als ein ganzer Satz. Es öffnet Türen, Herzen und oft auch Schutzmauern.

4. Du brauchst keinen Grund, um zu lächeln.

Lächeln funktioniert auch von innen nach außen. Es bringt Freude hervor.

5. Ein echtes Lächeln kann keine Maske sein.

Wenn es aus der Seele kommt, erkennt man es – an den Augen, an der Wärme, an der Energie dahinter. Es ist eine Botschaft, die aus dem Herzen kommt und das andere Herz berührt.

6. Lächeln beruhigt dein Nervensystem.

Es sendet das Signal: »*Alles ist gut.*« Und der Körper glaubt es dann – und reagiert entsprechend.

7. Dein Körper liebt dein Lächeln.

Es senkt Stress, stärkt dein Immunsystem und hebt deine Stimmung. Kostenlos. Nebenwirkungsfrei. Immer verfügbar.

8. Lächeln verändert Räume.

Wo ein echtes Lächeln auftaucht, wird es heller. Freundlicher. Offener. Manchmal sogar heilender.

9. Lächeln ist stille Selbstfürsorge.

Es ist eine kleine Geste mit großer Wirkung: »*Ich bin bei mir. Ich bin lebendig. Ich bin hier.*«

10. Ein Lächeln ist ein Gebet ohne Worte.

Ein Ja zum Moment. Ein Ja zum Leben.
Und manchmal auch: ein kleiner Lichtstrahl aus deiner Seele.

Also sind wir uns einig. Ab sofort lachen wir einfach viel mehr. Dadurch wird sich unsere Energie so sehr ändern, dass wir andere damit anstecken und viel gute Energie in die Welt raustragen. Ist das nicht ein großartiges Gefühl?

WAS HAT BETEN MIT GLÜCKLICH SEIN ZU TUN?

Schau mal unter Punkt 10 oben nach. Was steht da?

Ein Lächeln ist ein Gebet ohne Worte.

Nun können wir gern darüber diskutieren, ob beten spirituell ist oder nicht ist, aber dass ein Lächeln ein Gebet ist, das ist so perfekt ausgedrückt.

Erst einmal müssen wir uns ganz schnell von konkreten Vorstellungen frei machen, was beten für uns überhaupt bedeutet. Ich habe in der Vergangenheit beten immer damit verbunden, dass ich stumpf auswendig gelernte Sätze spreche, die ich teilweise nicht verstanden habe. Die meisten von uns haben einmal irgendwelche Floskeln gelernt, die an bestimmten Stellen im Gebet kommen – ohne eigenen Verstand oder eigene Ideen, es ist immer gleich und die Institution bestimmt, was gesagt wird. Das hat mich, um ehrlich zu sein, eher abgeschreckt, als mich hingeführt.

Denn das Beten in seinem Ursprung sollte etwas ganz anderes sein als das, was wir beigebracht bekommen.

Beten – Verbindung ohne Regeln

Ein Lächeln ist ein Gebet ohne Worte. Und manchmal ist ein Gebet nur ein stilles »Bitte«. Oder ein leises »Danke«.

Oder ein stummes »Ich brauche dich. Wer auch immer du bist.« Du musst nicht religiös sein, um zu beten. Du musst nicht knien, du brauchst keine Kirche, keine Formel. Alles, was du brauchst, ist ein Moment, in dem du dich ehrlich öffnest – für etwas Größeres, Freundlicheres, Verbundeneres als deinen Verstand. Das sollte beten sein, nur für Dich und für jemand oder etwas, dem du dich anvertraust und bei dem du ehrlich sein kannst.

Ich glaube auch zu wissen, warum beten bei uns nicht so ankommt, wie es ankommen sollte. Wenn ich erzähle, dass ich bete, werde ich oft komisch angeschaut. Aber schaut mal, woher kommt das Wort beten denn überhaupt?

Das Wort »beten« stammt vom altgermanischen Wort »bedō«, das »Bitten« oder »Flehen« bedeutet. Das Verb »beten« entstand erst später, vermutlich unter dem Einfluss des Christentums, um die spezifische Bedeutung des Gebets in religiösen Kontexten zu verdeutlichen. Der Begriff »Gebet« (ahd. »gibet«) hat seinen Ursprung in der allgemeinen Bedeutung von »Bitte«. Dieses Flehen und Bitten, genau das ist es, was uns davon abhält, weil es einfach nichts ist, wonach man strebt. Außerdem hat es immer was mit Regeln, Schuld, Hierarchie oder Druck zu tun.

- »Du musst beten!«
- »Bete doch richtig!«
- »Gott sieht alles!«

Kennt ihr, oder? Kein Wunder, das heutzutage kaum mehr jemand betet oder darüber spricht.

In anderen Sprachen ist es einfach anders gelöst, schau mal.

JAPANISCH – INORU (祈る)

Ein Wunsch aus dem Herzen, still gesendet.
Kein Flehen, kein Lärm – sondern leise Verbundenheit.

KOREANISCH – GIDO (기도하다)

Inneres ausrichten, nicht unterwerfen.
Ein Akt von Vertrauen – nicht von Ohnmacht.

FINNISCH – RUKOILLA

Sanftes Innehalten.
Kein Theater, kein Dogma – nur ein stiller Raum mit dem Leben.

LAKOTA (INDIGENE SPRACHE) – WÓČHEKIYE

Sprechen aus dem Geist der Seele.
Nicht um zu bekommen – sondern um verbunden zu sein.

HAWAIIANISCH – PULE

Heilige Verbindung zur Natur, zu den Ahnen, zum Leben.
Ein Gebet ist hier ein Tanz mit allem, was lebt.

Die scheinen verstanden zu haben, dass Beten nichts anderes ist, als sich zu verbinden.

Und auch hier geht es nicht unbedingt um Spiritualität, sondern es geht auch hier um einen selbst. Es geht um dich, es geht um dein Inneres. Es geht darum, sich damit zu beschäftigen, was dich beschäftigt und es auszusprechen und jemandem zu sagen. Ganz einfach ohne viel Schnickschnack, ohne sich an Regeln ohne Vorgaben halten zu müssen, ohne etwas einzuhalten und auch ohne zu planen. Einfach jetzt hier genau dann, wenn es sich gut anfühlt. Einfach mal anfangen zu sprechen und zu reflektieren. Es ist beten, sobald du die Fähigkeit besitzt, dich zu öffnen und ehrlich in Kommunikation trittst. Dabei ist es vollkommen egal, ob das Gott, Allah, Jahve, Buddha, ein Stuhl, ein Tisch oder die Pflanze vom Nachbarn ist, das spielt einfach keine Rolle.

Es geht einzig und allein um die Fähigkeit, beten zu können.

Loszulassen und zu vertrauen. Hier eine kleine Anleitung, wenn du noch nie einfach aus deinem Herzen heraus gebetet hast. Vielleicht inspiriert es dich es einfach mal zu tun.

Vielleicht wecke ich in dir die Neugierde dazu, und wenn du deine Vorurteile über das Beten überdenkst und deinen Glauben an Gehorsamkeit mal über Bord schmeißt, dann kann es zu einer wundervollen Erfahrung werden.

Schau mal …

Wie du dein erstes echtes Gebet sprichst – ohne Regeln

Du brauchst keine Worte.
Keinen »richtigen Gott«.
Keine Haltung, keine Kirche, keine Erlaubnis.
Nur dich. Und einen Moment, in dem du still wirst.

Schritt 1: Komm bei dir an

Mach es dir still, wenn du willst …
Egal, ob im Bett, beim Spazieren, mit Kerze – oder mitten im Chaos. Du kannst sitzen, stehen, liegen, weinen, lachen. Alles ist okay. Atme. Spür dich. Lass dich ein.

Schritt 2: Sprich, wie du bist

Dein Gebet darf flüstern. Oder denken. Oder einfach fühlen.
Sag das, was jetzt da ist. Zum Beispiel:

- »Ich bin da. Und ich habe keine Ahnung, wie das geht.«
- »Ich sehne mich. Aber ich weiß nicht mal wonach.«
- »Ich bin müde. Ich will nicht mehr stark sein.«
- »Ich danke dir, dass ich da bin.«

Du kannst es an Gott, das Leben, das Universum, dein Höheres Selbst oder einfach an das, was größer ist als du, richten. Du musst es nicht benennen.

Schritt 3: Warten – nicht auf Antwort, sondern auf Weite

Nach dem Sprechen: atme.
Du musst keine Antwort hören.
Aber oft wirst du spüren, dass etwas in dir weicher wird.
Vielleicht entsteht Ruhe. Vielleicht kommen Tränen. Vielleicht Wärme. Vielleicht auch erst mal nichts. Vielleicht morgen. Vielleicht übermorgen. Vielleicht irgendwann.
Das ist Gebet.

Kein Ergebnis – sondern eine Beziehung, die in dir lebendig wird. Dein erstes Gebet kann so leise sein, dass nur deine Seele es hört.

Und das reicht völlig aus.

Und obwohl sich das alles so spirituell anhört, ist es tatsächlich nichts Besonderes zu beten. Es ist nichts Besonderes, mit sich selbst in Verbindung zu gehen, es ist nichts Besonderes, an etwas oder jemanden zu glauben, ohne zu wissen, ob es ihn oder das wirklich gibt. Wir haben es einfach verlernt und unsere Aufgabe ist es, uns wieder daran zu erinnern. Denn umso mehr du lernst, in dich zu hören, desto weniger wird es dich interessieren, was die Menschen da draußen über dich sagen. Umso mehr du lernst, auf Yoga zu scheißen (im übertragenen Sinne), desto mehr wirst du bei dir sein und dich fühlen. Alles ist gut und alles hat seine Daseinsberechtigung, wir dürfen uns wieder daran erinnern, wie großartig, wundervoll und einzigartig wir sind. Und lernen, einen Scheiß darauf zu geben, was andere über uns denken oder sagen.

Und jetzt schließt sich auch der Kreis zu dem Thema, das ich am Anfang in diesem Buch beschrieben habe, zum Thema Glück und Glaube.

Das ist es ganz genau. Denn glauben heißt nicht wissen, sondern bedeutet zu vertrauen.

Und das gleiche gilt für beten.

Es bedeutet: Ich weiß nicht, an wen ich die Gedanken oder Worte sende, aber ich glaube daran, und du wirst sehen, wie gut dir das tut.

Im Zuge dessen will ich noch einen kleinen Exkurs zum Thema Dankbarsein und Demut schreiben. Denn das geht mit genau diesen Themen einher und gehört auch in den Baukasten. Es ist auch ein großartiges Werkzeug, das dir hilft, im Hier und Jetzt zu sein und dein Leben genauso zu leben und es in vollen Zügen zu genießen.

DANKBARKEIT UND DEMUT SIND MEINE BESTEN FREUNDE

Dankbarkeit ist, wenn dein Herz »Ja« sagt, bevor dein Kopf fragt warum. Demut ist, wenn du den Himmel nicht verstehst – aber trotzdem aufblickst.

Dankbarkeit & Demut – das leise Fundament von Glück

Wenn du betest, beginnst du zu glauben. Und wenn du wirklich glaubst – also vertraust, dass das Leben für dich wirkt, nicht gegen dich – dann geschieht etwas in dir, das du nicht erzwingen kannst: Es wächst Dankbarkeit. Aber Dankbarkeit ist kein oberflächliches »Sei doch mal froh«. Sie ist kein spiritueller Zwang zur positiven Haltung. Und schon gar kein Filter, der Schmerz überspielt.

Wahre Dankbarkeit ist etwas anderes:

Ein stilles Innehalten, mitten im Chaos, ein inneres Aufatmen, wenn du erkennst: *»Ich muss nicht alles kontrollieren.«* Ein energetisches Verneigen vor dem, was du nicht erklären kannst, aber tief in dir als »wahr« fühlst.

Dankbarkeit entsteht, wenn du begreifst:

Du hast vielleicht nicht alles, was du willst, aber du hast genug, um zu spüren, dass du lebst. Nicht alles läuft perfekt – aber vieles ist da: dein Atem, ein Moment, ein Mensch, ein Lächeln. Du bist nicht immer stark, aber du bist hier. Und das zählt. Dankbarkeit kommt nicht aus dem Kopf. Sie wächst aus der Erfahrung, dass das Leben dich nicht vergessen hat, auch wenn es manchmal still war. Sie entsteht, wenn du das Kleine wieder sehen kannst, nicht als »weniger«, sondern als genug.

Und dann … kommt Demut.

Nicht die kriechende, religiöse Form. Sondern die kraftvolle Demut, die sagt: Ich bin Teil von etwas, das größer ist als ich. Ich weiß nicht, wie alles funktioniert, aber ich darf mitwirken. Ich bin nicht der Schöpfer des Universums, aber ich bin ein Teil darin.

Demut bedeutet nicht, sich klein zu machen. Demut bedeutet sich groß zu fühlen, ohne Besitzanspruch. Und genau diese Mischung aus Dankbarkeit und Demut führt zu tiefem Glück.

Nicht laut. Nicht instagramable.

Sondern still. Warm. Echt.

Glück wird nicht mehr zu etwas, das du jagst. Es wird zu etwas, das dich berührt, weil du aufhörst, dagegen zu kämpfen. Und vielleicht ist das am Ende das ehrlichste Gebet: »Danke. Ich weiß nicht, warum ich das alles erleben darf. Aber ich darf da sein. Und das reicht.«

Und das ist es wirklich, was dich glücklich macht, wenn du entdeckt hast, wie wundervoll du in deinem Inneren bist und wie einfach es sein kann. Ohne viel vom Außen zu brauchen, ohne viel zu erwarten. Hier geht es einfach darum, zu sein und es auch so zu spüren. Es ist nichts Abgehobenes, sondern einfach da, es ist kein spiritueller Rundflug, sondern einfach ein Erinnern an sich selbst und an all die Fähigkeiten, die du bereits in dir drinnen besitzt.

INNERE STÄRKE UND SELBSTERMÄCHTIGUNG

Puh, jetzt sind wir ganz schön tief und langsam geflogen mit dem Teppich, jetzt nehmen wir wieder etwas Fahrt auf.

Es ist auch im richtigen Leben so, dass man manchmal eine Situation von außen betrachten sollte. Auch das ist eine Methode, die hilft zu verstehen und leichter zu werden.

Stell dir vor, du erlebst die Situation nicht als Mensch mittendrin, sondern von außen betrachtet von einer Ecke im Raum oder einem Podest oder so, wie ich es hier mache, vom Teppich aus. Manchmal hilft das wirklich. Denn gefangen in der Situation oder in der Emotion ist es manchmal wirklich schwer, eine Lösung zu finden.

Ich muss sagen, ich mag es sehr auf diesem Teppich zu fliegen und alles zu beleuchten und endlich auch mal aufzuschreiben, was ich immer wieder predige bzw. erzähle. Es ist jetzt auf Papier und kann immer wieder nachgelesen werden, das ist schon sehr beeindruckend.

Und alles ist entstanden, weil es eine Idee gab, einen Gedanken, einen Wunsch, einfach eine Sache, die erst einmal nur Energie war, nicht mehr, nicht weniger. Ich sage schon seit so vielen Jahren, ich will ein Buch schreiben. Immer und immer wieder. Wie eine Affirmation ☺ Diesmal gar nicht bewusst. Und doch hat es funktioniert. Also stell dir mal vor, wenn du dir immer wieder sagst, ich bin zu dick, ich bin zu hässlich, ich bin zu laut, ich bin zu leise, dann ist das auch eine Affirmation, mit der du dich immer und immer wieder fütterst. Und dann wird es schwer, deinem Unterbewusstsein etwas anderes zu erzählen. Wenn du dir nur oft genug sagst, dass du etwas nicht schaffst oder dass du etwas nie erreichen wirst, dann wird es auch so sein. DU musst es nur oft genug sagen, am besten stellst du es dir noch vor, wie du versagst, wie du dich dabei fühlst. Du merkst schon, was da passiert, oder?

Ja du affirmierst nicht nur, nein du manifestierst auch noch.

Wir Menschen können das mit negativen Sachen so gut. ich kann mich so gut in schreckliche Geschichten hineinkatapultieren, dass ich am Ende sogar weine, obwohl doch gar nichts passiert ist. Wirklich, ich sag euch, wie es ist. Ich brauche nur daran zu denken, dass meinen Kindern etwas passiert und ich bin sowas von in der Emotion drin. Manifestation »par la excellence«. Besser geht's gar nicht. Aber wenn es dann um etwas Gutes, etwas Positives gehen soll, dann muss ich mich richtig anstrengen, ich muss mich richtig konzentrieren manchmal. Aber warum versinken wir leichter in Negativem als im Guten?

HIER EINE MÖGLICHE ERKLÄRUNG DAFÜR:

1. Das Gehirn – Verstand liebt Drama (leider)

Unser Verstand ist nicht dafür gebaut, uns *glücklich* zu machen, sondern um uns zu *schützen*.

Deshalb ist es extrem aufmerksam für alles, was »gefährlich«, »traurig«, »bedrohlich« wirken könnte. Dieses System nennt man »Negativity Bias«: Negative Informationen werden stärker, schneller und tiefer gespeichert als positive. Ein trauriger Film, eine toxische Erinnerung, ein schlechter Satz von früher – zack, dein System geht in Alarm, Gefühl, Tiefe. Positive Reize? Muss man erst bewusst verweilen lassen, sonst rauschen sie vorbei.

2. Negative Geschichten passen zu unseren Selbstzweifeln

Wenn du dich tief in einem Drama verlierst, dann resoniert das oft mit deinen alten inneren Überzeugungen:

- »Ich bin nicht gut genug«
- »Ich werde immer verlassen«
- »Ich verdiene kein Glück«

Eine traurige Szene im Film *triggert* nicht nur Emotion – sie bestätigt unbewusst das, was du sowieso glaubst.

Und genau deshalb lässt du dich hineinfallen, weil es bekannt ist, weil es schmerzt, aber vertraut ist.

3. Gute Gefühle brauchen Mut und Präsenz

Positives Denken, echte Freude oder Dankbarkeit fühlen sich für viele Menschen ungewohnt, sogar verdächtig an. Glück braucht Vertrauen. Traurigkeit braucht nur Schwerkraft.

In ein Drama sinkt man. Aber um Licht zuzulassen, muss man sich öffnen, und das ist verletzlich. Manche Menschen haben regelrecht Angst vor Freude, weil sie denken:

- »Wenn ich jetzt glücklich bin – passiert bestimmt gleich was Schlimmes.«
- »Jetzt freuen wir uns nicht zu früh, dann funktioniert es wahrscheinlich nicht.«
- »Jetzt spreche ich es nicht aus, weil dann passiert es nicht.«
- »Ich darf meinen Wunsch nicht verraten, sonst geht er nicht in Erfüllung.«

Ich sage das immer zu meinen Kindern, wenn sie die Kerzen ausblasen auf dem Kuchen. Warum um Gottes Willen mach ich das? Sie sollen doch den Wunsch sagen, damit er ins Universum raus geht und in Erfüllung gehen kann!

Fazit

Wir können stundenlang über Dinge weinen, die nie passiert sind, aber brauchen oft Mut, um fünf Sekunden echtes Glück zuzulassen. Das liegt nicht an dir, sondern an deinem System. Doch das Schöne ist: Du kannst es umlernen. Nicht über Zwang, sondern durch Übung in Bewusstsein, im Jetzt zu sein und Selbstliebe. Das ist der Grund, warum wir so sind, wie wir sind. Aber wir können es lernen, wenn wir es wollen, und dann fühlt es sich so gut an.

DU BIST KEIN OPFER UND DESHALB VERHALTE DICH AUCH NICHT SO!

Liebe Leserin, lieber Leser,
dieses Kapitel könnte dich jetzt wirklich sehr triggern und vielleicht ist es auch schwer zu lesen, allerdings könnte ich mir vorstellen, dass es genau aus diesem Grund wichtig ist, gerade für dich, es zu lesen. Nimm das an, was du annehmen kannst und sei liebevoll und achtsam mit dir selbst. Es geht nicht darum, hier zu urteilen, sondern es geht nur darum, Verhaltensweisen zu erkennen und zu erkennen, was es bedeutet, in Mustern zu stecken, ohne zu merken, was das mit einem macht. Sei liebevoll zu dir und gehe jeden Schritt in deinem Tempo, in deiner Intensität und in deinem Rhythmus und vor allen Dingen niemals im Vergleich mit anderen.

Okay, lass uns mal so richtig ehrlich sein, so ganz tief ehrlich, und lass uns mal wirklich in uns gehen und uns mal folgendes Szenario vor Augen führen.

Wie oft hast du in deinem Leben den Fehler bei den anderen gesucht?

Wie oft sind es angeblich die anderen, die nicht verstehen, die nicht helfen, die nicht da sind, die dich nicht sehen, dich nicht hören, die dich nicht lieben? Diese Liste könnte ich unendlich lang weiterführen. Ich nehme mich da nicht raus, ich bin da genauso wie ihr und viele andere Menschen. Ich bin auch ein Teil davon, auch eine Figur, die damit spielt. Deswegen ist es sehr wichtig, zu verstehen, was das mit dir macht und wofür das gut sein soll. Wir sehen uns einfach sehr oft als Opfer. Wir versuchen unser Allerbestes und der andere Part erkennt es nicht an, sieht es einfach nicht. »Ich kann gar nix dafür!« ist so ein ganz typischer Satz, den man von Kindern kennt. Aber eben auch von Erwachsenen, die Schuld immer bei den anderen suchen, die immer alle anderen sehen, nur sich selbst nicht. Es sind immer die anderen, die nicht die Leistung erbringen, die man erwartet hat. Aber darf ich dich mal was fragen? Bringst du deine Leistung?

Hier geht es nicht darum, ob du deine Leistung den anderen gegenüber erbringst, sondern hier geht es darum, ob du die Leistung dir gegenüber erbringst. Kannst du mir folgen?

Wenn nicht, spring nochmal einen Absatz zurück und lies nochmal nach, das ist wichtig, was jetzt kommt. Niemand von uns ist perfekt, zum Glück nicht!

Diesen Satz habe ich schon ein paarmal geschrieben. Weil er so wichtig ist, wiederhole ich ihn gerne für dich noch ein paar Mal. Niemand von uns ist perfekt.

Sich das einzugestehen, klingt erstmal sehr einfach und oberflächlich, ist es aber gar nicht. Wir sind so gebaut, dass wir uns sehr oft als Opfer sehen und gar nicht erkennen, dass es zu jeder Situation immer zweier Parteien bedarf. Die eine, die es macht, und die andere, die es mit sich machen lässt.

Ja, es sind immer zwei beteiligt. Wir leben in einer Welt der Dualität, es gibt immer nur zwei Sachen, immer.

Gut/böse – schwarz/weiß – dick/dünn – groß/klein.

Das könnte ich jetzt ewig so weitermachen.

Jemand macht etwas und jemand anderer lässt es eben mit sich machen. Lässt es geschehen, macht mit! Und dieses Mitmachen, geschehen lassen, das ist ein Teil, den du beeinflussen kannst, wenn du dieser Part bist.

Im Grunde sind wir immer beide Seiten, weil es immer darauf ankommt, aus welcher Perspektive du es siehst. Aber nehmen wir jetzt mal an, du bist das Opfer, du beschwerst dich, du bist zu Hause, du bist traurig, nix funktioniert, immer trifft es dich, du bist die ärmste Sau auf diesem Planeten. Dann bist du meistens die Seite, die es zulässt, die es mit sich machen lässt. Und auch dafür bist du verantwortlich.

Du bist dafür verantwortlich, dass man dich so behandelt wie du behandelt wirst. Weil, wenn du dich nicht davon distanzierst, den anderen sagst, dass du das so nicht willst, du nicht erklärst, wie du stattdessen behandelt werden möchtest, dann darfst du nicht erwarten, dass die anderen aus der Luft heraus verstehen, wie du es oder was gerne hättest.

Das ist ein Akt der Selbstliebe.

Sich um sich zu kümmern und das dann auch zu kommunizieren, ist natürlich auch ein großer Teil von Selbstvertrauen und Selbstsicherheit. Aber das sage ich dir jetzt ganz ehrlich, du brauchst dich nicht zu wundern, wenn du als Opfer behandelt wirst, wenn du das Opfer bist. Wenn du der Meinung bist, dass du immer die bist, die sich für andere aufopfert, dann bist du das auch! Wenn du der Meinung bist, dass du immer die bist, die nicht gesehen wird, ja dann wirst du auch nicht gesehen! Wenn du der Meinung bist, dass du die bist, die immer ausgenutzt wird, dann wirst du auch genau die sein, die immer ausgenutzt wird. Weil du dich selbst so programmierst.

Aber was genau kannst du dafür tun, dass es nicht mehr so ist? Was kannst du dafür tun, dass du nicht mehr ausgenutzt wirst? Es ist leicht zu sagen: Ich bin das Opfer. Das ist der einfachste Weg. Ich weiß, das triggert jetzt gerade ganz besonders! Sich hinzustellen und zu sagen, ich bin immer die, die es abbekommt, ich bin immer die Person, die einstecken muss, ist der einfachere Weg.

Und so viele Menschen machen das, so viele Menschen ruhen sich darauf aus, und für die ist es klar: Naja, das ist halt meine Rolle, die nehme ich jetzt an.

Nein, ist es nicht! Es ist eben nicht deine Rolle!

Es ist deine Verantwortung, das zu ändern, die Ärmel hochzukrempeln und anzupacken: »Okay, bis jetzt wurde ich ausgenutzt, aber jetzt habe ich kein Bock mehr drauf! Jetzt reicht es.«

Es wird aber niemand kommen und dir die Lösung auf dem Silbertablett servieren: Hier, du wirst ab sofort nicht mehr ausgenutzt!

Das gibt es nicht, sondern du bist dafür verantwortlich. Du hast die Verantwortung für dein Leben! Jetzt ist der Moment zu erkennen, wie wichtig es ist, für dich selbst einzustehen.

Abläufe, Handlungen, Routinen zu unterbrechen, um klarzustellen, so will ich das nicht mehr.

Jetzt kommt der Satz, der immer kommt: Tania, aber das ist gar nicht so leicht!

Und dann kommt immer meine gleiche Antwort. Das habe ich auch nie gesagt, dass es leicht wird. Es ist nie leicht. Und schon gar nicht, wenn es um dein Innerstes geht. Aber es ist wichtig. Sehr wichtig!

Mit jedem Schritt, den du für dich gehst, kommst du deiner inneren Stimme näher.

Mit jedem Schritt, den du für dich gehst, erkennst du immer mehr, wie wundervoll schön und großartig du bist.

Mit jedem Schritt, den du gehst für dich, wirst du größer und stärker und glücklicher werden.

Ich habe Angst, sagt der Verstand, aber das Herz weiß schon lange, wo es lang geht. Wenn du spürst, dass der Weg, den du eingeschlagen hast, dass die Situation, die du da immer aushältst, nicht die richtige ist, dann liegt es an dir sie zu ändern. Du musst das nicht von heute auf Morgen schaffen und einen Flickflack aus dem 14. Stock machen. Du kannst das ganz langsam in wunderbar kleinen Schritten machen. Aber wichtig ist, dass du etwas tust, dass du dich bewegst, dass du einen Schritt nach dem anderen läufst.

Weil es für dich ist! Es geht nicht darum, dass andere Leute dich jetzt anders wahrnehmen oder dich akzeptieren, respektieren, das ist nur eine schöne Nebenwirkung. Oder besser gesagt ein Abfallprodukt. Es geht darum, dass du für dich einstehst. Wenn du erkannt hast, was es bedeutet, für sich und seine Ideen, Gedanken und Wünsche einzustehen und du erkannt hast, wie wichtig es ist, du selbst zu sein, authentisch zu sein, dann beginnt dein Leben.

Dann geht es los!

Aber Achtung, das hat auch seinen Preis. Es wird Menschen geben, die sich von dir distanzieren, weil sie dich nicht mehr verstehen, weil sie dich komisch finden, weil du nicht mehr die alte bist, so wie du mal warst. Die Frage ist: Willst du diese Menschen bei dir halten? Sind das die Menschen, die in deinen Dunstkreis kommen sollten? Oder besser gesagt, dort bleiben sollten?

Menschen werden dich fragen: Warum bist du denn auf einmal so? Auf der anderen Seite wirst du merken, wie es dir immer und immer besser gehen wird. Weil du die Verantwortung für dein Leben übernimmst.

Ich möchte dir einen Satz aus einem Seminar sagen.

Da saß eine Teilnehmerin, Spoiler, ich war's diesmal ausnahmsweise nicht. Sie beklagte sich über alles Mögliche. Wirklich, alles war schlecht und sie schimpfte und war traurig. Irgendwann sagte sie so einen klassischen Satz wie: »Aber warum denn immer ich? Warum trifft es immer mich?«

Die Mentorin drehte sich um schaute sie an und sagte: »Warum nicht du? Wer bist du, dass es gerade dir nicht widerfahren sollte? Wer gibt dir das Recht, es denn jemand anderem zu wünschen? Findest du das nicht etwas überheblich?«

Wow! Es war absolute Stille im Raum! Niemand sagte etwas.

Die Teilnehmerin sah sehr verwirrt aus und machte mehrere Male den Anlauf etwas zu sagen, aber schloss den Mund dann wieder. Bis heute habe ich diese Situation nicht vergessen. Es war sehr beeindruckend und ich glaube, so langsam verstehe ich ganz genau, was sie gemeint hat. Du auch?

Wir sind so schnell in dieser Opferhaltung. So schnell im urteilen, was andere gemacht haben oder eben nicht. Aber wir vergessen uns komplett dabei. Wir haben verlernt, für uns und unser

Handeln Verantwortung zu übernehmen. Und wenn wir das tun, dann wollen wir bitte nicht verletzt werden, und uns am besten nicht anstrengen oder noch besser, alles auf dem Silbertablett serviert bekommen, ohne etwas dafür zu tun. Ich bekomme oft die Frage gestellt: Tania, wie kann ich so werden wie du? Ich will auch gute Laune haben, ich will auch strahlen und erfolgreich sein, ich will, ich will, ich will! Klar, wollen wir alle. Aber was sind wir bereit dafür zu zahlen? Nicht mit Scheinen oder Münzen, die wir ausgeben, nein, das meine ich nicht. Ich meine, welche Anstrengung bist du bereit dafür zu leisten?

Ich will mehr Selbstbewusstsein, ist so ein Klassiker. Und ja, ich habe dafür viele Werkzeuge, wie du ja auf den letzten Seiten lesen konntest. Aber das ist nur die Theorie. Das ist auf Papier geschrieben und wir wissen ja: Papier ist geduldig.

Und Achtung, Überraschung, das geht nicht von allein. Nein, das ist Arbeit. Das ist Arbeit an dir selbst. Das Selbstbewusstsein kommt nicht an deine Türe und klopft und sagt: »Halllllloooo, hier bin ich. Hast du Bock, etwas davon zu haben? Ich habe grad ein Päckchen Selbstbewusstsein übrig!« Nein so ist es nicht. Aber ich merke, dass wir so geworden sind.

Wir sind zu faul, etwas für uns zu tun.

Für andere raffen wir uns manchmal auf, vielleicht, weil wir dann hoffen, dass die andern über uns sagen, wie großartig wir doch sind und was wir alles gemacht haben.

Aber für uns selbst. Nee, ist zu anstrengend. Ich habe keine Zeit, hab eine Verabredung mit Netflix und meiner Chipstüte heute Abend.

Übrigens, ich liebe es auch, mich berieseln zu lassen.

Der Unterschied ist allerdings, dass mir vollkommen bewusst ist, dass ich in dieser Zeit eben nichts für mein Selbstbewusstsein mache. Aber das ist in Ordnung. Denn ich mache es im vollen Bewusstsein. Aber was ich immer wieder sehe und höre, ist, dass wir keinen Bock haben, an uns zu arbeiten, aber uns dann im nächsten Atemzug über alles und jeden beschweren, weil es ebenso ist, wie es ist.

Aber nochmal und in aller Deutlichkeit, auch wenn du es nicht hören willst: Für dein Leben bist einzig und allein du zuständig und du bestimmst ganz genau, wie es zu sein hat. Und wenn du merkst, dass du es allein nicht schaffst, dann ist es auch deine Verantwortung, dir Hilfe zu holen. Manchmal hat man Glück und du hast jemanden, der dir zur Seite steht und dir hilft, dich unterstützt. Aber das ist nicht selbstverständlich. Und generell stellt sich hier immer wieder für mich die Frage, was lernst du daraus, wenn du alles geliefert bekommst, und für nichts selbst kämpfen musst?

Da fällt mir die Geschichte von dem Schmetterling ein, dem geholfen wurde. Kennst du diese Geschichte?

DIE GESCHICHTE DES SCHMETTERLINGS UND VOM HELFEN

Ein Mann saß eines Morgens im Garten und bemerkte einen Kokon, der sich bewegte. Ein Schmetterling war im Begriff, sich zu befreien. Neugierig und fasziniert beobachtete er das kleine Wesen. Die Öffnung war winzig, und der Schmetterling kämpfte sichtlich. Immer wieder rutschte er zurück, seine Flügel quetschten sich nicht hindurch, sein Körper schien zu groß. Der Mann sah zu, wie der Schmetterling Minute um Minute rang. Dann Stunden. Es wirkte hoffnungslos.

Er dachte sich: »Der Kleine schafft das doch nie allein. Wenn ich ihm ein bisschen helfe, erspare ich ihm all diesen Schmerz.«

Mit einem kleinen Messer schnitt er behutsam die Öffnung des Kokons etwas größer. Der Schmetterling konnte sich nun fast mühelos befreien. Doch was der Mann dann sah, erschütterte ihn: Der Körper des Schmetterlings war geschwollen, seine Flügel waren zerknittert und klein. Er wartete darauf, dass sie sich entfalteten, aber das geschah nicht. Der Schmetterling konnte nicht fliegen. Er kroch nur umher, sein Schicksal war besiegelt.

Was der Mann nicht wusste: Der Kampf durch den schmalen Ausgang war kein Fehler der Natur. Er war notwendig. Erst durch diesen Widerstand wird Flüssigkeit aus dem Körper in die Flügel gedrückt, sodass sie stark und flugfähig werden. Der Schmerz, der Kampf, die Anstrengung – all das ist Teil des Wachstums. In dem Versuch zu helfen, hatte der Mann dem Schmetterling den wichtigsten Teil seiner Entwicklung genommen. Diese Geschichte zeigt uns, was es bedeutet auch mal allein durch solche Engpässe zu gehen. Sich irgendwo durchzudrücken und es auszuhalten. Auch wenn es manchmal aussichtslos und mühsam scheint, ist es Teil des Plans, davon bin ich überzeugt.

Die Kunst ist es, nicht aufzugeben. An sich und das Leben zu glauben und zu vertrauen, dass es das Leben mit dir immer und wirklich immer gut meint.

Fazit

Schenkst du Vertrauen, bekommst du Freiheit, das ist der Deal, eine Abkürzung gibt es dafür nicht.

TEIL III

LANDUNG MIT DEM TEPPICH

Jetzt haben wir von diesem Teppich aus so viel gesehen.

Wie alles begann, wo ich herkomme und wie ich zu diesem Menschen geworden bin, der ich bin. Und wir haben uns einen Werkzeugkasten mit vielen Impulsen und Ideen angelegt, die ihr umsetzen könnt, falls ihr Lust und Laune oder vielleicht auch Not habt.

Jeder Impuls, und wenn er auch noch so klein ist, ist ein Impuls, der seine Daseinsberechtigung hat. Ihr dürft jedes Werkzeug so intensiv und lang ausführen, wie ihr wollt und wie es für euch gut ist.

ABER EINS KANN ICH EUCH HIER NOCHMAL SAGEN:

- Wenn du nichts an deinem Verhalten änderst, ...
- Wenn du nichts an deinem Alltag änderst, ...
- Wenn du nichts an deinem Umfeld änderst, ...

... dann wird alles so bleiben, wie es ist.

Das ist gar nicht schlimm und vollkommen in Ordnung. Ich liebe dich deshalb nicht mehr und auch nicht weniger, denn es ist dein Leben und nicht meins. Und wenn du glücklich dabei bist, dann mach genauso weiter wie bisher. Aber wenn du merken solltest, dass du mehr Leichtigkeit und mehr Freude im Leben brauchst, dann ist hier der Impuls etwas zu verändern. Was genau, das darfst du entscheiden, denn die Verantwortung für dein Leben hast nun mal du. Ganz allein du.

Und manchmal reicht es schon, »nur« das zu erkennen und zu merken, dass alles in dir steckt und von außen, wenn überhaupt, nur Unterstützung kommt, aber die wirkliche Arbeit, die kommt von dir, und zwar ganz tief drinnen.

Ich weiß, ich wiederhole mich, aber ich habe mal gelernt, dass du Sachen mehrmals hören musst, bis du sie akzeptieren kannst. Somit möchte ich mal tun, was man mir sagt, mache ich ja selten genug. Hahaha.

Ich finde, wir können langsam, aber sicher, mit dem Teppich zur Landung ansetzten, oder zumindest noch etwas weiter absinken, damit wir noch näher am Hier und Jetzt sind und beleuchten können, was mir denn mein Verhalten bzw. meine Lebenseinstellung bisher gebracht hat.

Denn eines ist klar, die Menschen da draußen auf dem Markt erzählen dir alles, was du wissen willst. Alles! Und es gibt für alles Abnehmer. Und das ist auch gut so, denn wir sind schließlich viele Milliarden Menschen auf dieser Erdkugel.

Und weißt du, etwas für sich und sein Leben zu tun, kann und darf nie falsch sein. Aber leider ist es nun mal so, dass es auch Menschen gibt, die nur erzählen, dass sie gute Tipps haben, aber sie in Wirklichkeit noch nie selbst getestet, erlebt haben oder gar erfolgreich damit gewesen sind. Ich urteile darüber nicht, das steht mir nicht zu. Ich kann dir aber sagen, wie ich es handhabe.

Ich mache das genauso wie mit den Ratschlägen, die ich bekomme, ich schau mir immer genau an, was dieser Mensch da erzählt und was genau er selbst davon umsetzt und wie erfolgreich er damit ist. Und wenn das eher suboptimal ausfällt, dann lass ich es lieber sein.

Ganz ehrlich, ich bekomme so oft Dienstleistungen angeboten, und wenn ich sie mir dann genauer anschaue, habe ich das Gefühl ich sollte eher denen helfen ☺ Das ist nicht arrogant und gar nicht überheblich, aber du kannst mir nicht beibringen wollen, wie ich in Sozialen Medien sichtbarer werde und selbst kaum Reichweite haben. Jetzt kommen gleich die Skeptiker, die sagen, ja, aber vielleicht will die Person es andern nur beibringen, ohne es selbst zu sein. Okay, alles ist legitim. Aber dann möchte ich nicht mit dieser Person arbeiten, weil ich davon überzeugt bin, um wirklichen Erfolg zu haben, musst du brennen, musst du tief in dir drinnen wissen, das ist es, das ist mein Job auf dem Planeten. Könnt ja mal drüber nachdenken, beim nächsten Mal.

Also, was hat es gebracht, damals als Iris mich gefragt hat, ob ich ihr vertraue. Was hat es gebracht, in den Vertrauensvorschuss zu gehen und sich auf etwas einzulassen, was komplett außerhalb meines Komfortbereichs ist.

Ich sage es dir gern, es hat alles verändert! Es hat mein komplettes Leben verändert. Weil sich ein komplett neues Tor geöffnet hat. Du kannst es gern das Tor zur Spiritualität nennen, es kann aber auch das Tor zur Alternativen Lebenseinstellung heißen oder das Tor zu Schnitzel mit Pommes. Nennen kannst du es wie du willst, weil das einfach keine Rolle spielt. Überhaupt keine!

Wichtig ist zu erkennen, dass jeder von uns individuell ist, und jeder seinen Weg hat. Aber ein Weg ist unumgänglich, das ist der Weg zu dir selbst. Denn dadurch lernst du dich besser kennen und dadurch kannst du alles erreichen. Ich möchte dir das an meinem Beispiel zeigen. So viele wollen gern wissen, wie das bei mir so gut geklappt hat und wie ich es geschafft habe, so erfolgreich zu werden.

Eins vorneweg, hätte ich mich auf diesem Weg nicht immer wieder meinen Ängsten und Dämonen gestellt und es ausgehalten, dann hätte ich es niemals geschafft.

Es hört sich wie so ein abgedroschener Kalenderspruch an, aber wenn du immer nur das tust, was du schon kannst und kennst, dann bleibst du das, was du schon bist. Aber da steckt so viel Wahrheit dahinter. Solange du glücklich bist damit, ist das super und du kannst genau da bleiben, wo du bist. Solltest du aber nicht glücklich sein, und dich nicht so fühlen, wie du gerne würdest, dann ist es Zeit loszugehen.

Jetzt aber zu meiner Geschichte.

ERFOLG – ZWISCHEN GLANZ UND AUFGEBEN

2018 kam meine zweite Tochter auf die Welt (ihr könnt nachrechnen, wenn ihr wollt, ich bin 1976 geboren im Juli und meine Tochter kam im Oktober auf die Welt, also war ich 42). Zu dieser Zeit, war ich in einem amerikanischen Großkonzern angestellt. Ich leitete den Kundenservice und wir waren im Recycling-Wesen. Wir recycelten Toner-Kartuschen und parallel gab es ein Werk, das Handys recycelte. Also *refurbished* nennt man das in Fachsprache, ein altes Handy wird aufgehübscht und dann wieder verkauft. Um ehrlich zu sein, machte mir es keinen Spaß mehr, da zu arbeiten. Ich fühlte mich einerseits überfordert, weil ich Konversation auf vier Sprachen machte, aber andererseits komplett unterfordert, weil Kreativität absolut nicht gefragt war und es strenge Abläufe und Prozesse gab. Gerade in der Müllbranche ist sehr viel sehr streng geregelt.

Also, mir war klar, ich möchte da nicht mehr zurück, mit zwei Kindern finde ich es auch schier unmöglich, eine Leitungsposition zu haben, wenn du auch noch irgendwie Mutter sein willst. Zumindest war das bei mir so. Und da ich ja schon länger im Game der Führungsposition war, war ich auch nicht mehr wirklich scharf drauf. Zwei Jahre zu Hause waren vereinbart und darauf freute ich mich. Ich mache mir dann Gedanken dazu, wenn es soweit ist, war mein Motto. Ich suche mir entweder einen anderen Job, oder ich bekomme ein cooles Angebot von dem Konzern.

So hatte ich es mir gedacht. Wer konnte denn denken, dass eine weltweite Pandemie ausbricht und auf einmal alles nicht mehr so war, wie es mal gewesen ist. 2020 war es eine Utopie zu glauben, dass man sich auf einen neuen Job einstellen sollte. Ich hatte eine große Tochter, die gerade eingeschult worden war, und gleich im Home-Schooling war und parallel eine noch nicht zweijährige Tochter. Daher beschlossen mein Mann und ich, dass ich auf alle Fälle noch das dritte Jahr dranhängen würde. Ich hatte das große Privileg, dass mein Mann genug verdient, dass wir das so machen konnten, und ich erklärte ihm: «Weißt du was, ich schreibe in dem Jahr einfach mein Buch!« Das war 2020, ihr seht, es hat fünf Jahre gedauert ☺ Bei mir gab es immer wieder so »ich schreib jetzt ein Buch«-Phasen.

Immer, wenn ich nicht wusste, was ich jetzt machen sollte, beruflich oder wenn ich das Gefühl hatte, ich musste was ändern, dann wollte ich ein Buch schreiben. Auch so wie jetzt wieder. Parallel spielte sich in meiner Küche folgende Situation ab.

Es war Ende 2020. Meine Cousine (ihr erinnert euch, die, mit der ich aufgewachsen bin) war zu Besuch und wir verbrachten einen schönen Nachmittag miteinander. Unter anderem sprachen wir auch über Soziale Medien, tauschten uns aus und quatschten so den Nachmittag über. Am Ende kam das Thema nochmal hoch und ich sagte dann zu ihr an der Tür: »Ach, weißt du, ich bin nicht so in Sozialen Medien unterwegs. Und schon gar nicht auf Instagram. Das finde ich etwas unübersichtlich und verstehe es nicht so ganz. Ich bleibe lieber bei Facebook, da bin ich schon so lange unterwegs, und da kenne ich mich aus.« Sie schaute mich an, setzte so ein leichtes verschmitztes Lächeln auf und sagte: »Aber klar doch, bleib du mal schön bei Facebook. Du hast schon recht, das ist auf alle Fälle etwas für dich, das ist eben eher was für ältere Leute.« Tätschelte meinen Oberarm, grinste von einem Ohr zum andern und ging zur Tür hinaus. Ich stand da und schaute ihr nach, und der Satz hallte in meine Ohren nach. Ich schloss die Tür und ging rein.

Ist etwas für ältere Leute, was sollte das denn heißen?

Frechheit, warte, bis die wieder kommt, der werde ich was erzählen. *(Macht euch keine Sorgen, wir lieben uns nach wie vor und sind beide froh darüber, dass genau dieser Satz an dem Abend gefallen ist)*

Ich dachte bewusst oder unbewusst, wer weiß das schon so genau, den ganzen Abend über diesen Satz nach und am nächsten Tag hatte ich mir vorgenommen, Instagram mal zu durchforsten, um es zu verstehen und mitreden zu können.

Das machte ich dann auch, ich schaute mir das alles ganz genau an und entdeckte auch die Reel-Funktion und las mir einige Beiträge durch. Außerdem stalkte ich ein paar Profile und fand es durchaus unterhaltsam und ganz nett.

Ja, das konnte man schon so lassen. Ich freundete mich sogar etwas mit dem Ganzen an und fand Gefallen daran, mich da aufzuhalten. So wechselte ich ins neue Jahr und bekam den einen oder anderen Follower dazu. Aber alles noch sehr entspannt und ohne viel Schnickschnack. Anfang 2021 fing ich an, Beiträge zu schreiben und das auch immer regelmäßiger und ich machte das ein oder andere Reel. Ich fing an, auch Stories aufzunehmen und so langsam wuchs der Account auch und ich beschloss das Ultimative überhaupt. Ich erzählte meinem Mann Folgendes: »Jetzt hab ich's, ich schreibe mein Buch und benutze den Kanal, um es dann zu vermarkten. Das ist doch ein mega guter Plan!« Mein Mann, der grundsätzlich immer ein großer Unterstützer meiner Ideen ist, nahm es hin und nickte. Ich nehme an, er dachte sich, »Oh mein Gott, schon wieder so ne Idee, ich bin ja mal gespannt, was das wird. Aber sie ist ja eh zuhause.« Bis Oktober 2021 war ich noch in Elternzeit und da probierte ich mich etwas aus, und tatsächlich wuchs mein Account etwas, aber es war eher ein Hobby als etwas anderes. Ich hatte parallel zwei Kinder zuhause, daher auch nicht wirklich die Zeit und Muße, mich da reinzuhängen. Allerdings passiert Folgendes, eins meiner Reels ging viral, ich sprach mit einer Banane im Kühlschrank, das war mein erstes witziges Reel, das ich gedreht hatte. Und die Leute feierten das sehr. Das machte etwas mit mir, weil klar waren auf einmal mehr Menschen auf meinem Kanal unterwegs. Ich schrieb auch ein bisschen an meinem Roman, den ich ja veröffentlichen wollte, Verlag oder sonstiges gab es natürlich nicht.

Aber so im Großen und Ganzen, um es ehrlich zu sagen, machte ich nichts wirklich richtig. Also ich schrieb viel zu wenig, ich hielt mich nicht wirklich regelmäßig auf Instagram auf und machte nur so Sachen, dir mir Spaß machten. Also, so wie die Laune halt war, mal mehr, mal weniger.

Selbst wenn ich mehr geschrieben hätte, hätte ich nicht die Reichweite gehabt für das Buch, so wie ich mir das gedacht hatte. So näherte sich Oktober 2021 und ich war mit dem dritten Jahr Elternzeit auch durch und wusste nicht genau, was ich jetzt machen sollte. Zurück wollte ich auf keinen Fall, irgendwie wusste ich es selbst nicht genau. Also sprach ich mit meinem Mann und ich sagte ihm, dass ich gern weitermachen würde als Influencerin und jetzt mit viel Kraft und Elan meinen Account aufbauen würde. Jep! Genauso, das war der Plan. Und tatsächlich gab ich mir sehr viel Mühe und es ging bergauf, zum Jahreswechsel hatte ich schon einige tausend Follower und ich dachte, ich habe den heiligen Gral gefunden, weil ich stetig wuchs. Aber stetig wachsen und stetig wachsen sind eben zwei Paar Schuhe, denn es reicht nicht, wenn du ein paar Wochen stetig wächst, das muss über ein paar Monate gehen und dann ist es noch lange nicht der heilige Gral ☺

Anfang des Jahres 2022 hatte ich eine fünfstellige Zahl an Followern und war sowas davon überzeugt, dass ich so erfolgreich sein würde wie nie zuvor. Also machte ich das einzig Richtige – ich machte mich voll selbstständig. Am 3. März 2022 begann meine Selbstständigkeit und schon da hatte ich einen Stillstand bemerkt, was mein Social Media anbelangt, und dachte, es handelte sich um eine Phase, das wird schon wieder.

Ich holte alles raus, was ich hatte an Instrumenten, machte unzählige Online-Weiterbildungen im Bereich, machte ein E-Learning nach dem andern, versuchte zu vernetzen, wo ich konnte, und versuchte, meinen Job so gut zu machen, wie ich nur konnte. Aber die Follower blieben aus, schlimmer noch die Firmen, von denen ich dachte, dass sie von allein irgendwann auf mich zukommen würden, kamen nicht. Ich hatte ungefähr 13 000 Follower, zu viel eigentlich, um aufzuhören, aber viel zu wenig, um etwas zu verdienen, geschweige denn, davon leben zu können.

Also machte ich weiter immer weiter, immer weiter. Es war so frustrierend, das könnt ihr euch nicht vorstellen, ich sah links und rechts neben mir Accounts wachsen und immer größer werden. Und ich trampelte auf der Stelle. Dann dachte ich, okay, vielleicht brauche ich ein Management, das mich fordert und fördert. Und surprise, da wollte mich auch keiner. Die einen hatten schon zu viele Klienten, die anderen sagten mir direkt, ich sei noch viel zu klein, und manche antworteten nicht einmal. Ich bekam von allen Seiten mit, dass man mich nicht wollte.

Der Einzige, der mich immer und immer wieder unterstützte und mich antrieb, war mein Ehemann. Der sagte mir immer und immer wieder, mach weiter, das wird groß, ich weiß das, glaub an dich, du schaffst das. Aber ich merkte wieder, ich pass da nicht so rein. Ich bin anders, ich bin einfach anders.

- Ich bin alt!
- Ich bin nicht sportlich!
- Ich trage nicht Hosengröße 36/38!
- Ich bin nicht modeinteressiert!
- Ich bin nicht Beauty interessiert!
- Ich benutze keine Filter!
- Ich räume das Zimmer nicht auf, bevor ich was drehe!
- Ich habe kein Pampasgras im Vorgarten!
- Ich bin nicht glatt und makellos!
- Ich habe kein Auge für Kunst und schöne Sachen!

Diese Liste könnte ich so lange weiterführen, aber am Ende war es einfach so. Wenn man es nüchtern betrachtet, dann passte ich einfach nicht in das Bild eines klassischen Influencers rein. Ich bin mir ziemlich sicher, dass ich irgendwie schon gern reingepasst hätte, aber alles in mir und um mich herum hat sich dagegen gewehrt. Und ich war es halt einfach nicht.

Ich will auch ganz ehrlich sein, am Anfang habe ich sogar Filter benutzt. Und ich habe mich sehr wohl damit gefühlt. Denn das Krasse ist ja, du zeigst dich den Leuten und siehst einfach immer gut aus, egal, was los ist. Bis ich irgendwann gemerkt habe, was das tatsächlich mit mir macht. Ich war dann echt verunsichert und es hat einige Tage gedauert, bis es mir nichts mehr ausgemacht hat, ohne Filter in die Kamera zu sprechen.

Das ist schon komisch, was es mit dir macht. Aber ich hatte ja irgendwann im Jahr 2022 gemerkt, ah, da ist eine Botschaft, die ich in die Welt rausschreien möchte.

Die Firmen wollen mich zwar nicht und die Managements auch nicht, aber meine Community, die feiert mich. Meine Follower waren schon immer sehr aktiv und sie schrieben mir fleißig, dass ich sie zum Lachen bringe und ihnen mein Account gefällt. Das Problem war nur, dass sich damit kein Geld verdienen ließ.

In der Zeit fing ich auch an, Menschen über die Plattform kennenzulernen, und wie es halt so ist, schreibt man mit dem einen oder anderen mehr und mit dem einen oder anderen weniger.

Und die ersten Freundschaften begannen, also Brieffreundschaften, denn man trifft sich ja meistens nicht. Du schreibst halt die ganze Zeit hin und her.

Und zu dieser Zeit lernte ich auch Anna kennen. Und die war mir von Anhieb sehr sympathisch, wir verstanden uns sehr gut und obwohl sie am Anfang ähnlich viele Follower hatte wie ich, zog sie irgendwann an mir vorbei und wuchs ständig und stetig.

Und Anna kannte Christina, sie waren beide im gleichen Management, und auch Christina war mir sehr sympathisch. Somit hatte ich da zwei wundervolle Frauen kennengelernt, mit denen ich mich auf Anhieb sehr gut verstand und mit denen ich mich viel austauschte. Ich merkte schnell, die zwei mag ich, sehr sogar.

Aber beide waren genau das Gegenteil von mir. Und sie passten so gut in diese Bubble und waren auch deshalb sehr erfolgreich, zumindest zu dem Zeitpunkt dachte ich das in meinem kleinen Köpfchen.

Aber bei mir geschah halt einfach so gar nichts, ich wuchs nicht, keine Firma und weiterhin kein Management. Das war so frustrierend, das könnt ihr euch nicht vorstellen.

Vor allen Dingen ist das halt so ein Ding: Wenn du irgendwo in einem Büro sitzt und frustriert bist, ist das schon scheiße, aber wenn du in deinem Job von deiner Kreativität abhängig bist und gefrustet bist, dann ist es doppelt scheiße.

Denn Frust liegt bei mir ganz nah bei Druck und das ist auf alle Fälle der Gegenspieler zu Kreativität. Und so gingen die Wochen und Monate ins Land und irgendwie war dann schon fast Ende 2022. Und ich war immer noch nicht wirklich weitergekommen, weder mit dem Buch noch mit dem Influencer-Ding.

Ich sprach ein paarmal mit meinem Mann darüber und hatte auch irgendwie Lust verloren. »Ich hör auf, ich habe kein Bock mehr. Die wollen mich nicht, Frank! Die wollen mich nicht. Ich kämpfe und kämpfe, aber ich pass da nicht rein!«

Und jedes Mal ermutigte er mich nicht aufzuhören. Jedes Mal glaubte er an mich und bestärkte mich weiterzumachen.

Aber ich merkte, wie die Lust immer mehr schwand und um ehrlich zu sein, sah ich mich schon wieder in einer Festanstellung und gescheitert, naja, ich habe es versucht.

Ich passe da nicht rein. Damit tröstete ich mich immer, wenn diese Gedanken des kompletten Scheiterns hochkamen. Zum Glück gab es keine großen Investitionen, die ich da in den Sand gesetzt hatte.

Es war Mitte November 2022, als ich zu meinem Mann sagte: »Ich höre zum nächsten Jahr auf. Das hat keinen Wert, ich habe es versucht. Das ist nichts für mich!«

Ich hatte mit niemandem darüber gesprochen, dass ich so haderte und wollte auch nicht darüber reden.

Ich hatte am 25. November ein Date mit Anna und Christina, wir waren verabredet das erste Mal, live und in Farbe. Und ich hatte mir vorgenommen, es den beiden als Erstes zu sagen, und dann dem Rest der Menschen, die es interessiert ☺ Zunächst aber freute ich mich sehr, die beiden endlich kennenzulernen und zu sehen, wie sie in Wirklichkeit waren. Weil, um ganz ehrlich zu sein, hörte man ja viel von dieser Branche.

Und das eine ist: Wie wirkst du in einem Bildschirm?

Wie bist du?

Wie gibst du dich?

Und das andere ist: Wie bist du wirklich?

Wir hatten geplant, ein ganzes Wochenende, also zwei Übernachtungen, in einem Zimmer zu verbringen. Noch eine vierte Person, die auch mit dabei war, Natalie, sie ist leider nicht mehr in Sozialen Medien unterwegs und deshalb werde ich sie auch nicht explizit erwähnen, um ihre Privatsphäre zu schützen.

Nun gut, wir waren also für dieses Wochenende verabredet und teilten uns ein Zimmer, das hatte ich so in dieser Form auch noch nie gemacht. Aber manchmal muss man andere Sachen machen, um anderes zu erfahren.

Um ehrlich zu sein, war ich doch ganz schön aufgeregt, mittlerweile waren Anna und Christina sehr bekannt, waren beide im gleichen Management und für mich sehr große Vorbilder. Man könnte fast sagen, es war so ein kleiner Fan-Moment.

Dass ich ihnen an diesem Wochenende sagen wollte, dass ich damit aufhörte, blendete ich wie immer aus. Ihr wisst, das kann ich sehr gut. Man könnte fast sagen, ich bin Profi darin!

Wir hatten uns im Schwarzwald verabredet. Ich sah diese beiden Geschöpfe und es war von der ersten Minute an einfach ein sehr krass gutes Gefühl.

Ich kann es nicht genau in Worten beschreiben, weil es mehr so ein Gefühl war als ein Wort. Es war, als würden wir uns schon ewig kennen und können reden, als ob wir schon alles voneinander wüssten.

Es war sofort eine ganz große Vertrautheit da und ich hatte sofort das Gefühl, diese beiden Menschen sind etwas ganz Besonderes. Wir hatten ein wirklich sehr schönes Wochenende, wir lachten viel, aber wir weinten auch und das war sehr besonders und vor allen Dingen sehr berührend.

Ich finde nicht, dass das normal ist, Menschen frisch kennenzulernen und dann schon so eine tiefe Vertrautheit und so eine tiefe Verbundenheit zu spüren. Ich bin unendlich dankbar, dass ich das gleich so wahrnehmen durfte und gemerkt habe, dass es etwas Besonderes ist.

Irgendwann an diesem Wochenende, ich glaube es war Samstagabend, saßen wir auf dem Bett und ich sagte diesen Satz: »Ich möchte aufhören, es hat keinen Wert mehr, ich trample seit einem halben Jahr auf der Stelle herum, das geht so nicht mehr, ich habe keinen Bock mehr, ich bin frustriert und ich verdiene einfach nichts oder kaum was!«

Wenn ich jetzt darüber nachdenke, habe ich das zu einem sehr unpassenden Augenblick gesagt, denn beide schauten mich komplett entsetzt an und fragten mich: »Wie bitte? Was hast du gerade gesagt? Du willst aufhören?«

Ich schaute sie an und sagte: »Ja, ich habe kein Bock mehr!«

Ein bisschen wie so ein kleines bockiges Kind!

Ich war auch komplett in dieser Opferrolle gefangen, das ist manchmal wirklich sehr verstrickt und wie so ein Sog, in den du hingezogen wirst. Und da wieder rauszukommen, bedarf schon sehr viel Eigenmotivation.

Ich bin allein, ich habe kein Erfolg, niemand hilft mir, ich habe keinen Bock mehr, können mich alle am Arsch lecken, sind eh alles Arschlöcher da draußen, niemand gönnt mir irgendwas und es ist sowieso alles scheiße.

Beide schüttelten den Kopf, schauten mich an und sagten aus einem Mund: »Einen Scheiß tust du. Du hörst auf keinen Fall auf!«

Ich schaute sie ungläubig an und dachte, hä? Wie jetzt, was soll denn das jetzt? Die sehen doch auch, dass es gequirlte Scheiße ist und dass es keinen Wert hat. Warum machen sie das? Warum machen sie es mir extra schwer? Was ich zu dem Zeitpunkt noch nicht wusste, war, sie meinten das wirklich ernst.

Du hörst auf keinen Fall auf! Und dann sagten sie etwas, was mich bis heute zutiefst berührt, wenn ich daran denke.

Sie sagten zu mir:

»WIR TRAGEN DICH!«

»Was soll das heißen? Verstehe ich nicht. Ihr tragt mich?« Ich war vor den Kopf gestoßen und verstand erst gar nicht, was die beiden da sagten.

»Wir unterstützen dich, soll das heißen, du Holzkopf!«, gaben sie mir als Antwort.

»Wir machen so Dreier-Ding. Das wird einzigartig und besonders. Wir machen unsere Sachen gemeinsam, wir erklären dir das Handwerk. Wie schneiden die Filme besser, worauf musst du achten, was solltest du auf keinen Fall machen und so weiter.«

Sie boten mir einfach so und ohne irgendeinen Mehrwert ihre Hilfe an.

Nochmal für alle hier an dieser Stelle, ich habe diese beiden Frauen an dem Wochenende das allererste Mal gesehen!

Ich konnte es nicht glauben, und normalerweise hätte ich gesagt: »Ähhh neeee, das braucht ihr nicht, das ist doch nicht nötig. Ich kann das allein, nee, ich habe beschlossen aufzuhören« oder irgendetwas in der Art und Weise.

Aber ich sagte es nicht, denn irgendetwas in mir drinnen war so berührt und dankbar, dass ich sie beide anschaute und einfach nur DANKE sagte.

Einfach nur DANKE, das ist wirklich krass, dass ihr das für mich machen wollt. Es war ihnen wirklich ernst, denn sie bestanden darauf, mit mir einen Pakt zu schließen.

Der Pakt war:

Ich mache ein halbes Jahr alles, was die beiden sagen.
Ich bin fleißig und kreativ und vertraue ihnen.
Falls ich in einem halben Jahr nicht erfolgreich damit bin, dann darf ich aufhören.
PAKT ENDE

Das war der Deal. Sie hielten mir ihre Hände hin und wollten, dass ich einschlage.

Was waren das für zwei Wesen da? Die selbst erfolgreich waren und mich dennoch mitnehmen wollten, obwohl sie mich erst wenige Stunden live kannten.

Ich schlug ein, ich sagte: Ja!

Um es nicht unnötig in die Länge zu ziehen, im Mai 2023 feierte ich mit großen Ballons auf meiner Terrasse die 50 000 Follower, und den Rest kennt ihr ja. Ab da ging es steil bergauf und ist es bis heute geblieben.

Ich kann nicht erklären, was das war, was da passiert ist. Diese beiden Menschen haben damals etwas in mir gesehen, was ich zu diesem Zeitpunkt nicht gesehen habe. Und sie haben einfach aus dem Impuls oder dem Instinkt heraus gehandelt und mir damit so viel gegeben, dass ich es nicht in Worte fassen kann.

Wären sie nicht gewesen, hätte ich aufgehört.

Wären sie nicht gewesen, hätte ich heute nicht diese Bühne.

Wären sie nicht gewesen, würde ich heute nicht hier sitzen und dieses Buch schreiben.

Ich frage mich manchmal, ob ihnen bewusst ist, was sie mit dieser Geste für mein Leben getan haben. Ein Akt der Liebe ohne Erwartung, aber in voller Authentizität war das, und ich bin ihnen dafür auf ewig dankbar.

Wir sind bis heute befreundet und ich bin so dankbar dafür, solch wundervolle Seelen in meinem Leben zu haben.

In dieser Branche, die sehr oberflächlich und leider auch an der einen oder anderen Stelle verlogen ist, ist ein sicherer Hafen so viel Wert.

Wir lachen und weinen gemeinsam, haben schon so viele Höhen, aber auch Tiefen gemeistert, und werden das auch in Zukunft weiter tun.

Liebe Anna, liebe Christina,
von ganzem Herzen, danke für diese Unterstützung und diese wundervolle Freundschaft. Danke für die Ehrlichkeit und Liebe, denn es ist nicht selbstverständlich, dass es in einer Freundschaft so ist. Danke, dass ihr seid, was ihr seid und wir zusammen werden, was für uns bestimmt ist.
Ich liebe euch sehr, ihr Kanalratten!

Hahahahaha, das musste jetzt sein.

So war der Anfang meines Erfolges und ich war wirklich kurz davor, einfach alles hinzuschmeißen.

Deshalb ist es so wichtig, eben nicht alles hinzuwerfen, auch wenn es noch so aussichtslos scheint. Das beziehe ich nicht nur auf das berufliche, nein, das passt zu jeder Lebenssituation. Manchmal kann ein kleiner Augenblick so viel verändern, eine Sache, die unerwartet kommt, ein Anruf, eine Handlung oder so viel anderes.

Wenn du spürst, dass das dein Weg ist und du davon überzeugt bist, das Richtige zu tun, dann lauf weiter, denn manchmal versteckt sich genau hinter der nächsten Tür, genau das, was du so sehnlich suchst.

Hat Erfolg seinen Preis?

Ja, das ist eine wirklich gute Frage. Seit meinem Erfolg verändert sich einiges, von außen, aber auch von innen, also in mir drinnen. Einiges durfte ich schmerzhaft lernen und einiges durfte ich freudig empfangen.

Ich habe mich einer krassen Ausbildung unterzogen, die sehr viel im mir verändert und ausgerichtet hat. Auf einmal weiß ich ganz genau, was ich will. Und es wird mir wirklich immer egaler, was andere dazu sagen. Ich priorisiere meine Aufgaben und wäge genau ab, was ich wirklich will und was ich wirklich brauche. Das kann dazu führen, dass ich Sachen absage, weil ich was anderes für wichtiger erachte. Und das wiederum führt dazu, dass Menschen sich auf den Schlips getreten fühlen und das manchmal auch äußern.

Manchmal sagen sie es aber anderen und das am liebsten hinter meinem Rücken.

Weiß du, natürlich haben immer viele Leute etwas zu sagen, weil sich viele Leute auch für sehr wichtig halten.

Und umso erfolgreicher du wirst, desto mehr Leute reden, und zwar am liebsten über dich.

Eine Sache möchte ich hier nicht beschönigen, Erfolg ist mit Sicherheit auch ganz viel Glück und zur richtigen Zeit am richtigen Ort sein und die richtigen Leute zu kennen. Aber am wichtigsten und am krassesten ist es, dass du FUCKING fleißig bist.

FLEISS, DISZIPLIN UND WAS WIRKLICH ZÄHLT

Erfolg ist wirklich sehr harte Arbeit und es ist auch nicht immer nur spaßig und locker und leicht.

Es scheint von außen so, als ob man das locker aus der Hüfte schießt und den Rest vom Tag chillt, aber so ist es auf keinen Fall. Im Gegenteil, ich denke immer wieder daran, alles hinzuwerfen und ins Angestelltenverhältnis zu wechseln, wenn mal wieder so ein Scheiß-Tag ist.

Angestellt zu sein ist für mich keine Niederlage, nein, auf keinen Fall, aber ich bin davon überzeugt, dass ich eine Lebensaufgabe auf diesem Planeten habe.

Und diese kann ich nur auf Bühnen erfüllen und eben nicht im Büro oder hinter einer Kasse. Deshalb gibt es die Option des Aufgebens nicht ☺

Das Wissen, dass es meine Lebensaufgabe ist, und zu lesen und zu hören, was es mit euch macht, das gibt mir die Bestätigung, dass es richtig ist, was ich tue.

Die Liebe zur Arbeit ist das A & O, denn sonst kannst du es nicht durchziehen, es muss Sinn für dich machen, dann kannst du erfolgreich sein. Dieses übergeordnete Ziel darfst du für dich definieren, und als kleiner Tipp am Rande: Geld sollte es nicht sein. Geld ist ein wundervolles Nebenprodukt, das sich einstellt, wenn du Erfolg hast und weißt, wie du ihn monetarisierst.

Oder dir Menschen ins Team holst, die es wissen, das geht auch, ist aber auch immer eine Kostensache. Aber Geld wird dich nicht motivieren, immer weiterzumachen. Denn dann hast du das Geld. Und was ist dann? Was treibt dich dann an? Warum solltest du dann weitermachen?

Daher überlege dir gut, warum du erfolgreich genau mit dieser Idee sein willst, und dann Let's go.

Deine Mitmenschen werden den Erfolg sehen, und darüber reden, dass du es geschafft hast, sie vergessen aber die Jahre davor, in denen du bis tief in die Nacht gearbeitet hast. Darüber redet man auch nicht so oft. Diese Seite des Erfolgs wird nicht so gerne gezeigt in unserer perfekten Welt.

Erfolg hat seinen Preis, das ist klar, und du musst dir darüber im Klaren sein, ob du das willst. Und welchen Preis du bereit bist dafür zu bezahlen. Liegt alles in und an dir!

Das hört sich jetzt alles sehr ernst und negativ an, das ist es nicht. Nennen wir es sachlich und realistisch.

Das ist das Spiel, frage dich, ob du es willst. Und wenn alles in dir JA ruft, dann leg los, denn es lohnt sich.

Fazit

»Es ist mir egal, was andere über mich denken«, ist ein krasser Satz.
Es zu sagen, ist eine Sache. Es aber wirklich zu fühlen und danach zu leben, ist absolute Freiheit.

SPIRITUALITÄT – MEIN WEG GEHT WEITER

Ich habe in diesem Buch viel über Spiritualität gesprochen, was sie für mich ist und was sie für mich bedeutet. Und gleichzeitig glaube ich fest daran, dass es dafür keine Regeln gibt. Spirituell zu sein, bedeutet zu leben, bedeutet, sich zu spüren, und zwar mit jeder Ecke und Kante. Kannst du zu dir ehrlich sein? Hast du schon mal probiert, für dich allein ehrlich zu sein? Ohne Filter, ohne Verstecken? Das ist die Vorstufe zum sich spüren.

Selbstgespräche zu führen gehört zu meinem Alltag. Mein Mann sagt immer, er kann nicht neben mir sitzen, wenn ich arbeite, weil ich die ganze Zeit mit mir selbst rede. Also die ganze Zeit ist übertrieben, aber ich kommentiere schon mal und frage mich selbst, wie ich es so finde.

Und ja, es ist großartig, andere nach Tipps zu fragen, aber wann hast du dich das letzte Mal selbst nach einem Tipp gefragt?

Wann hast du dich das letzte Mal wirklich ernst genommen?

Spiritualität beginnt da, wo du anfängst, dich in all deiner Pracht und Schönheit zu erkennen. Und ja, natürlich geht es da auch um deine Hülle, um deinen Körper, der schon so viel für dich getan hat. Wann hast du dich das letzte Mal bei deinem Körper dafür bedankt?

Aber noch mehr geht es um dich selbst. Um das, was in dir drinnen ist. Dein Wesen, dein Inneres, deine Wahrheit und dein Sein. Es geht darum zu erkennen, wie wundervoll du bist, mit all deinen Fasern deines Körpers. Zu erkennen, was du schon alles in diesem Leben geschafft und erschaffen hast. Wir, und da bin ich voll miteingeschlossen, sind ständig und immer im Vergleich mit andern.

Die ist aber schöner!
Die ist aber schlanker!
Die ist aber reicher!
Deren Kinder sind aber besser erzogen!
Ihr Partner liebt sie aber mehr!
Die hat ein größeres Haus!
Die ist glücklicher!
Bei der ist immer aufgeräumt!

Ich könnte diese Liste hundert Seiten lang weiterführen und wäre noch nicht fertig. Warum machen wir das ständig und vor allem, warum fühlen wir uns dann schlecht?

DIE GESCHICHTE VOM SPATZ UND DEM ADLER

Ein kleiner Spatz lebte in einem ruhigen Garten. Er flog nicht hoch, nicht weit, aber er kannte jede Blume, jeden Ast, jeden Sonnenstrahl am Morgen.

Er war glücklich, bis er eines Tages hoch oben einen Adler kreisen sah. Und auf einmal sah er, dass der Adler viel höher und schneller flog. Er wollte auf einmal genauso sein wie der Adler.

Der Spatz dachte: »So stark, so frei, so mächtig. Was bin ich gegen ihn? Ich fliege nur hier im Kreis.« Er begann sich selbst zu verachten, versuchte, höher zu fliegen, weiter. Doch seine Flügel wurden müde. Er vergaß, warum er eigentlich flog. Und wie glücklich er einmal gewesen war. Er fragte sich: »Warum bin ich nicht wie er?«

Da landete eine alte weise Amsel neben ihm, schaute in an und sagte: »Du bist nicht schwächer und schlechter. Du bist ein Spatz! Der Adler gehört den Höhen. Du aber kennst die Nähe. Du hörst das Gras wachsen, du spürst den Wind zwischen den Zweigen. Du bist kein König der Lüfte, aber du bist das Lied am Morgen.« Der Spatz wurde still und dachte nach. Es geht nicht darum der Adler zu sein, erkannte er, es geht darum, ich zu sein. Zum ersten Mal hörte er wieder sein eigenes Zwitschern. Und in diesem Ton war kein Zweifel mehr – nur Frieden.

Fazit

Du musst kein Adler sein, wenn du ein Spatz bist.
Wahrer Frieden kommt nicht vom Werden, sondern vom Sein.
Selbstliebe beginnt, wenn der Vergleich endet.

Irgendwann habe ich erkannt, was das mit mir macht, immer im Vergleich zu sein. Es zermürbt mich, und zwar so von innen nach außen. Sobald ich mich über einen Erfolg freue, und dann in den Vergleich gehe, wird es immer jemanden geben der besser, größer, schneller, schöner sein wird.

Es macht mich rastlos, ich werde nie ankommen und Frieden und Glück finden.

Erst gestern hatte ich wieder so eine Situation, da ging es um meine Kinder. Ich saß da und merkte, sie machen etwas nicht Konformes ☺ bzw. die Norm sagt, dass das nicht konform ist. Aber sie haben sich gekringelt vor Lachen und niemandem damit geschadet. Und ich habe mich im vollen Bewusstsein für sie und gegen die Norm entschieden. Ich wollte sie schon aus Gewohnheit unterbrechen, aber habe mich sozusagen selbst gecoacht. Und wenn ich das kann, dann kannst du es auch. Aber sowas von.

Es ist eine Veränderung des Bewusstseins, die du selbst anstoßen kannst. Frage dich in Situationen, warum du etwas machst, und vor allen Dingen, was der Sinn und Zweck des Ganzen ist. Und wenn du für dich oder für deine Familie in dem Augenblick keinen Sinn und Zweck erkennst, dann probiere es einfach mal sein zu lassen.

Und genau da beginnt deine Spiritualität, wenn du dein Bewusstsein erkennst. Wenn du erkennst, dass du kein Wiederkäuer bist, sondern das Recht, wenn nicht sogar die Pflicht hast, für dich und deine Ideen, Wünsche und Träume einzustehen. Wenn du erkennst, dass du in keinem Vergleich stehst, weil jeder von uns genauso wie er ist, richtig ist. Es kann vielleicht sein, dass du im falschen Raum bist mit den falschen Leuten, aber das darfst du erkennen und dann gerne ändern. Es geht nicht um Leistung und Erfüllung irgendwelcher Statistiken und Regeln, nein, es geht um Leben und Lieben, und zwar aus dem Herzen heraus. Dich zu spüren und zu erkennen was dich ausmacht und was und wer du bist.

Das ist ein langer Weg, und auch manchmal ganz schön holprig. Da geht es mal bergauf und dann wieder bergab und manchmal wirst du begleitet und manchmal eben nicht.

Manchmal holst du dir Hilfe und manchmal kann dir niemand helfen. Aber der Weg zu dir selbst ist der wichtigste, den du gehst in deinem Leben.

Und immer wieder kommst du an Kreuzungen und du überlegst, wo es lang geht. Ich bin davon überzeugt, dass selbst wenn du »vermeidlich« falsch abbiegst, du eben auf einem anderen Weg dahin kommst, wohin du kommen solltest. Manchmal ist es ratsam, sich hinzusetzten, abzuwarten und zu ruhen, und manchmal ist es besser, du legst einen Sprint hin, damit es schnell vorbei ist. Es ist nicht einfach, und das hat auch niemand behauptet, und es ist auch nicht immer nur schön, aber eins kann ich dir aus vollem Herzen sagen, es ist NOTWENDIG, um den Frieden und das Glück zu bekommen, das dir zusteht.

Fazit

Bewusstsein zu erkennen und sich darauf einzulassen ist nicht immer leicht. Aber es ist der erste Weg zu dir selbst und damit der erste Schritt Richtung Glück und Frieden.

Es gibt keinen Kurs, der dich zum Erleuchteten macht oder zur Erleuchteten. Es gibt viele großartige Lehrer und Lehrerinnen da draußen, die dir helfen können, in deine Spiritualität zu kommen und dich wieder zu spüren, oder dir einfach zeigen, wo es lang geht. Auch hier mein Appell an dich, wähle weise und genau, nur weil Spiri drauf steht, ist nicht immer Spiri drin.

Sich Hilfe und Unterstützung zu holen, ist mega und so wichtig, denn das ist auch ein Schritt der Selbstliebe.

Und zu erkennen, dass du eben mehr bist als nur ein Körper mit vielen Funktionen, Knöpfen und Schaltern. Sich an dieses Bewusstsein zu erinnern und es wieder zu aktivieren, ist der erste Schritt zu dir.

Wir sind alle spirituell, der eine mehr der andere weniger, der eine im Wald beim Spazieren, der andere auf dem Sofa beim Chips essen, aber am Ende machen wir alle das gleiche.

WIR SIND. Und umso bewusster und intensiver du bist, desto bewusster und spiritueller bist du. Somit gibt es kein Anfang oder Ende, denn wir sind alle und haben alle ein Bewusstsein, der eine eben mehr und der andere weniger.

Ich werde es weiterhin genauso handhaben wie bisher und offen sein für das Leben und für alles, was es mir bringt und liefert. Manchmal überrascht es mich und manchmal geht es mir gehörig auf die Eier, aber ich liebe es sehr, mich mit diesem Thema zu beschäftigen und da einzutauchen.

Ein großer Dank an alle Lehrer und Lehrerinnen, die ich auf meinem Weg habe. Und an eine ganz besonders, die mich gelehrt hat, dass Spiritualität so witzig, leicht und einfach sein kann, und wir uns für nichts und niemandem verstecken oder gar schämen müssen. Es gibt nichts, was es nicht gibt.

Danke, Annelies, für deine Arbeit
und dein Sein.

LANDEANFLUG – ATMEN

Ich merke, das Buch ist bald zu Ende und meine Botschaft und meine Worte, die ich an euch alle da draußen richten wollte, sind gesprochen. Daher setze ich mit dem Teppich zur Landung an, was für eine schöne Perspektive ich von da oben hatte, es war so, als ob ich unantastbar wäre. Ich konnte erzählen und euch beraten und habe viele weise und lustige Geschichten erzählt.

Jetzt bin ich wieder unten und habe festen Boden unter mir. Ich spüre, wie gut mir das tut und wie gerne ich auf dieser Erde bin.

Wie sehr ich es liebe, mit Menschen zu reden und mit ihnen zu arbeiten, das ist mein Lebenselixier und meine Energie.

Also das, was ich mache, ist sozusagen der Arsch auf dem Eimer, genauso musste es kommen und so muss es sein.

Bevor ich aber jetzt dieses Buch schließe und Dich mit einer bezaubernden Geschichte wieder zurück in dein Leben lasse, möchte ich dir noch eine Sache ans Herz legen, über die ich viel und lange nachgedacht habe und die mich schon so viele Tränen und schlaflose Nächte gekostet hat.

Es geht um das Thema Verzeihen. Das Verzeihen ist so eine große Stellschraube in deinem Leben. Ich musste lernen, dass wir genau darüber heilen können, indem wir lernen zu verzeihen. Wichtig hierbei ist es, dass du das nicht mit Vergessen verwechselst. Weil zu verzeihen, heißt nicht zu vergessen! Es heißt auch nicht, dass du nie mehr Rache oder Vergeltung spüren wirst, denn wir sind alle Menschen mit Emotionen und Reaktionen. Aber es verändert sich in deinem Bewusstsein die Art, damit umzugehen, wenn du verstanden hast, warum es so wichtig ist.

VERZEIHEN – EIN GESCHENK AN DICH SELBST

Mal ehrlich: Kennst du das, wenn du dich über jemanden so richtig ärgerst und dann tagelang innerlich kleine Streitgespräche führst, bei denen du natürlich immer gewinnst? Tja. Blöd nur, dass die andere Person davon nichts mitkriegt. Die lebt wahrscheinlich längst ihr bestes Leben, während du dich innerlich noch auf Platz eins der emotionalen Rache-Olympiade wähnst.

Vergebung und Verzeihen klingt erstmal nach Kirchenbank und Heiligenschein. Aber in Wahrheit ist es vor allem eins: verdammt praktisch. Wenn du vergibst, trägst du keinen Rucksack voller Groll mehr mit dir rum. Der wiegt nämlich schwerer, als man denkt. Und je länger du ihn trägst, desto mehr ziehst du dich selbst runter – nicht den anderen.

Vergeben heißt nicht: »War schon okay, mach ruhig nochmal.« Es heißt: »Ich habe Besseres zu tun, als dich ständig in meinem Kopf wohnen zu lassen.« Du räumst auf, setzt Grenzen, gibst dir selbst Raum zum Atmen. Und das fühlt sich gut an. Wirklich gut.

Denn am Ende ist Vergebung weniger ein Geschenk an den anderen, sondern viel mehr ein Geschenk an dich selbst. Du befreist dich. Von Drama. Von Dauerschleifen im Kopf. Und manchmal sogar von Bauchschmerzen. Klingt gar nicht so schlecht, oder?

Vergib, nicht weil du musst, sondern weil du's verdient hast, in Ruhe weiterzugehen.

Wir suchen nach Ruhe und Frieden und das ist es, was uns am Ende wirklich glücklich macht. Und dafür darfst und musst du allein sorgen, denn es kommt keiner, der sagt, ach, komm ich mach das mal für dich. Manche Sachen darfst und musst du selbst durchleben und auch erleben, vielleicht sogar aushalten, aber dann wird es gut. Wirklich! Ich spreche aus Erfahrung.

Ein paar letzte Gedanken zu diesem Thema und dann wird es wirklich Zeit, dieses Buch zu beenden.

Verzeihen heißt nicht vergessen! Verzeihen ist keine Kapitulation. Es ist kein Freispruch für das, was uns verletzt hat, sondern eine Befreiung von der Last, es für immer mitzutragen. Lange habe ich gedacht, dass ich vergeben müsste, um zu vergessen. Aber das war ein Irrtum.

Vergeben bedeutet nicht, dass die Erinnerung verschwindet.

Sie bleibt. Manchmal ganz leise. Manchmal laut.

Aber sie verliert ihr Gift.

Verzeihen heißt: Ich weigere mich, weiter in einer Vergangenheit zu leben, die ich nicht ändern kann.

Ich gebe dem Schmerz nicht länger das Steuer in meinem Leben.

Nicht, weil es »nicht so schlimm war« – sondern weil ich es nicht mehr mit mir tragen will.

Doch ich vergesse nicht.

Ich vergesse nicht, wer ich war in dieser Zeit.

Ich vergesse nicht, was ich lernen musste, über andere, über mich.

Ich vergesse nicht, wie viel Kraft es mich gekostet hat, wieder aufzustehen.

Und ich lasse los.

Nicht, weil der andere es verdient, sondern weil ich mir den Frieden selbst schenken möchte.

Verzeihen ist ein Geschenk an mich.

Und das Erinnern ist ein stiller Schutz, damit ich mich nie wieder verliere auf dem Weg zu mir selbst.

Fazit

Manche Narben verblassen. Andere bleiben sichtbar.
Doch sie tun nicht mehr weh, weil ich ihnen vergeben habe.
Und mir selbst auch.
Vielleicht ist das für dich ein Impuls, darüber nachzudenken, welchen Groll du loswerden willst, und auf welche Art und Weise du es tun willst. Aber eines ist sicher, für sich und seinen inneren Frieden einzustehen, ist immer richtig.

WIR LANDEN ... FINITO!

Irgendwie bekomme ich Wehmut, wenn ich daran denke, dass es das jetzt war. Ich habe mich so wohl gefühlt, ein Buch zu schreiben, meine Gedanken runterzuschreiben und zu erkennen, wieviel ich schon in diesem Leben erreicht habe.

Kennst du das, manchmal hast du das Gefühl, auf der Stelle zu treten und nichts in deinem Leben zu erreichen oder abgeschlossen zu haben. Setz dich mal hin und blick mal zurück und schreib dir mal auf, was du schon alles geschafft hast. Und dann wirst du erkennen, was für eine krasse Person du bist. In dieser manchmal sehr oberflächlichen und hektischen Welt vergessen wir das Wichtigste, was wir haben: uns selbst. Wir sind so viel im Außen, dass wir vergessen, wie schön es in uns drinnen ist. Wir rennen Idealen hinterher, versuchen Regeln und Vorbilden nachzueifern und vergessen, wie wunderschön und wundervoll wir sind.

Wem willst du denn gefallen?

Für wen machst du das?

Wann erkennst du, dass du genug bist?

Du bist das Beste, was es auf diesem Planeten gibt, und wenn du es endlich erkannt hast, werden es die andern auch erkennen. Niemals hätte ich gedacht, dass es eines Tages soweit sein wird, dass tausende von Menschen mich feiern und lieben, weil es auch in meinem Leben sehr dunkle Zeiten gegeben hat, und da war nicht viel von Liebe übrig.

Aber aufgeben ist keine Option! Niemals. Hinfallen, Knie aufschlagen auch ein bisschen liegen bleiben, ja, das ist okay, aber aufgeben – niemals! Du bist jeden Schritt wert, den du gehst, wenn er dir hilft zu erkennen, wie liebenswert du bist. Ich liebe mich, das ist kein Egoismus, nein, es ist ein Versprechen an mich! Nicht nur für mich, sondern für meine Töchter und für alle anderen, für die ich vorgegangen bin. Denn wenn ich das kann, dann kannst du das auch. Jetzt bist du dran.

Du bist genug.
Jetzt. Genau so.

Schau mal: Du atmest. Du fühlst. Du denkst. Und das allein ist schon ein kleines Wunder. Vergiss für einen Moment, was du im Spiegel siehst, die Haare, die Falten, das, was du zu viel oder zu wenig findest. Das bist nicht du. Das ist nur Verpackung. Und die hat zwar ihre Berechtigung, aber sie ist nicht das, was dich ausmacht. Denn da drinnen, unter all dem, was du zeigst und glaubst, zeigen zu müssen, bist du – echt, weich, stark, verletzlich, leuchtend.
Da ist dein Lachen, das jemanden zum Strahlen bringt.
Da ist dein Herz, das mehr fühlt, als du manchmal zulassen willst.
Da sind Gedanken, so tief und klug, dass du selbst überrascht wärst, wenn du ihnen lauschst.
Du bist nicht deine Fehler.
Nicht deine Vergangenheit.
Nicht das, was andere über dich gesagt haben.
Du bist das, was du liebst.
Wie du kämpfst, auch wenn es niemand sieht.
Wie du Mitgefühl hast, obwohl du selbst manchmal leer bist.
Wie du bleibst, auch dann, wenn alles in dir schreit zu gehen.
Du musst nichts leisten, nichts beweisen, nichts aufpolieren, um wertvoll zu sein. Du bist es längst. In deiner Unvollkommenheit. In deiner Echtheit. In deinem So-Sein.
Du bist nicht nur genug, du bist einzigartig. Und wenn du dich selbst wirklich siehst, wenn du dir selbst mit der gleichen Wärme begegnest, die du anderen gibst, dann beginnt etwas zu heilen.
Also lehn dich zurück.
Atme.
Und erinnere dich: Du bist ein kleines Stück des großen Wunders.

In Liebe, Tania

Die Geschichte der Clemmis

angelehnt an der Geschichte der kleinen Leute von Swabedoo

Vor langer, langer Zeit lebten einmal kleine Leute auf dieser Erde. Die meisten von ihnen auf einer kleinen Insel namens Clementonien und sie nannten sich Clemmis.

Diese kleinen Menschen waren unheimlich glücklich und zufrieden, sie besaßen eine gewisse Leichtigkeit und nahmen das Leben einfach nicht so ernst. Sie lächelten den ganzen Tag und grüßten immerzu und jeden, dem sie begegneten. Sie genossen ihr Leben in vollen Zügen und machten sich wenig Sorgen darüber, was in ihrer Zukunft passieren würde. Sie lebten sozusagen im Hier und Jetzt.

Was die Clemmis aber am allermeisten liebten, war, einander warme und weiche Pelzchen zu schenken. Jeder Clemmi hatte einen Beutel, den er über der Schulter trug und dieser war gefüllt mit warmen, weichen, kleinen Pelzchen. So oft sie sich trafen, gab der eine Clemmi dem andern ein Pelzchen. Es ist wunderschön, ein warmes, weiches Pelzchen zu schenken. Es sagt dem anderen, dass er etwas Wundervolles, Einzigartiges und Besonderes ist. Es ist eine Art zu sagen »Ich mag dich«. Und ebenso schön ist es, von einem andern Clemmi ein solches Pelzchen geschenkt zu bekommen. Du spürst, wie warm und flauschig es an deinem Gesicht ist. Und es ist einfach ein wundervolles Gefühl, wenn du es sanft und leicht zu den anderen in deinen Beutel legst. Du fühlst dich gesehen, geliebt und anerkannt. Wenn dir jemand ein Pelzchen schenkt, dann hast du auch den Impuls, gleich etwas Gutes tun. Die kleinen Leute von Clementonien gaben und bekamen gerne weiche, warme Pelzchen und das gemeinsame Leben war zweifelsohne sehr glücklich und fröhlich.

Außerhalb von diesem Dorf gab es noch ein anderes kleineres Dorf. Dort wohnten große schlaksige grüne Kobolde. Eigentlich wollten sie aber gar nicht dort draußen wohnen in ihrer Höhle, denn es war sehr kalt und trostlos dort. Sie hatten schon einige Male am Rande von dem Clemmi-Dorf gestanden und sich gewünscht, sie könnten dort mitten unter den fröhlichen Dorfbewohnern sein. Aber sie hatten nichts, was sie hätten tun können, um dazuzugehören. Und das Austauschen von warmen, weichen Pelzchen hielten sie auf alle Fälle für einen ganz großen unnötigen Unsinn.

Traf einer der Kobolde am Waldrand einen der kleinen Clemmis, dann knurrte er nur etwas Unverständliches und lief schnell zurück in seine feuchte, dunkle Höhle. Es sah so schön aus, wenn sie glücklich miteinander waren, aber ihr grüner Verstand sagte immer wieder, dass es alles nur Nonsens war, was die Clemmis da machten. Leben bedeutet nicht einfach so glücklich sein. Leben bedeutet, sich an Regeln zu halten. Und vor allen Dingen, den Ernst der Lage zu erkennen.

Eines Abends, als einer der Kobolde wieder einmal am Waldrand stand, begegnete ihm ein Clemmi. »Ist heute nicht ein wunderschöner Tag?«, fragte der Kleine und lächelte den Kobold von einem Ohr zum andern an. Der Kobold schaute den Clemmi nur verwirrt und grummelig an. Er gab einfach keine Antwort. »Hier, nimm ein warmes, weiches Pelzchen«, sagte der kleine Clemmi. »Hier ist ein ganz besonders schönes, bestimmt ist das extra für dich, sonst hätte ich es doch schon lange jemand anderem gegeben.« Aber der Kobold nahm das Pelzchen nicht an. Er sah sich um, erst nach links und dann nach rechts. Vergewisserte sich, dass ihn keiner sah oder gar hörte, beugte sich hinunter und flüsterte den Clemmi ins Ohr.

»Ich an deiner Stelle wäre nicht so großzügig mit meinem Pelzchen, denn eines Tages hast du vielleicht gar keine Pelzchen mehr, wenn du immer einfach so jedem, der dir über den Weg läuft, ein Pelzchen schenkst.« Der Clemmi schaute ihn ganz verwirrt und hilflos an. Er verstand nicht, was dieser Kobold ihm damit sagen wollte. Um das nochmal zu verdeutlichen, nahm der Kobold dem Clemmi den Beutel ab, schaute hinein und zählte die Pelzchen.

Dann sagte er ganz laut und befriedigt: »Habe ich es nicht gesagt, kaum mehr als 150 Pelzchen. Wenn ich du wäre, würde ich langsam machen mit dieser Schenkerei.« Mit diesem Satz drehte er sich um und ließ den Clemmi einfach am Waldrand stehen. Der Clemmi war komplett verwirrt und auch irgendwie unglücklich. Er nahm die Aussage des Kobolds einfach an und stellte sie keine Minute in Frage. Es war für ihn klar, dass das, was der Kobold gesagt hatte, einfach die Wahrheit war. Er zweifelte nicht daran.

Aber in Wirklichkeit war es doch so: Jeder Clemmi hatte einen unerschöpflichen Vorrat an Pelzchen. Denn er verschenkte zwar Pelzchen, bekam aber doch immer eins zurück. Und das passierte ja immer und immer wieder, ein Leben lang. Wie sollten denn da die Pelzchen jemals ausgehen?

Die Kobolde wussten das! Die waren nicht blöd, nein, im Gegenteil, sie waren sogar sehr intelligent. Der Verstand der Kobolde war weiterentwickelt, als der der Clemmis. Aber dennoch, oder gerade deshalb, wollten und konnten sie es nicht wahrhaben, dass diese kleinen Wesen so glücklich und zufrieden waren. Denn es machte keinen Sinn, Pelzchen zu verschenken. Und irgendwann musste das doch ein Ende finden. Was sollte das denn, diese Pelzchen-Schenkerei? Das braucht kein Mensch. Die Kobolde wussten, die kleinen Clemmis waren gutgläubige, wundervolle Wesen, und das nutzten sie einfach eiskalt aus. Sie hatten bewusst gelogen, um dem ganzen Kram endlich ein Ende zu bereiten. Und nun setzten sie sich an den Rand ihrer kalten Höhle und warteten einfach ab.

Im Dorf war der kleine Clemmi mittlerweile zurückgekehrt und saß vor seinem Haus. Er war immer noch sehr verwirrt und grübelte über die Worte des Kobolds nach. Es dauert nicht lange, da kam ein guter Bekannter vorbei, mit dem er schon so viele großartige, warme, weiche Pelzchen getauscht hatte. »Wie schön ist dieser Tag«, rief der Freund, griff in seinen Beutel und gab ihm ein Pelzchen. Doch dieser nahm es nicht freudig entgegen, sondern wehrte mit den Händen ab. »Nein«, sagte er, »behalt es lieber, wer weiß, wie schnell sonst dein Vorrat abnimmt. Eines Tages stehst du ohne Pelzchen da.«

Der Freund schaut ihn an, schüttelte den Kopf, verstand nicht, was er sagte, zuckte mit den Schultern, packte das Pelzchen zurück in seinen Beutel und ging davon. Aber auch er nahm verwirrte Gedanken mit. Und schon am Abend konnte man ein paarmal hören, tut mir leid, ich habe leider kein warmes Pelzchen für dich, ich muss selbst drauf achten, dass sie mir nicht ausgehen.

In den nächsten Tagen breitete sich dieser Satz im ganzen Dorf aus. Man hörte immer wieder: »Tut mir leid. Ich habe kein Pelzchen. Pass auf, sei nicht so großzügig.« Sie verschenkten zwar ab und zu immer noch ein Pelzchen, aber sie überlegten es sich lange und sehr gründlich. Sie wurden immer vorsichtiger. Und wenn sie eins verschenkten, dann meistens das, das schon etwas abgenutzt, zu klein oder einfach nicht so schön war, also eins, das man eh loswerden wollte.

Langsam wurden die Clemmis misstrauisch. Sie begannen, sich argwöhnisch zu beobachten. Sie überlegten, ist der andere wirklich ein Pelzchen wert? Es ging manchmal so weit, dass manche ihre Pelzchenbeutel nachts unter dem Bett versteckten.

Es wurde gestritten darüber, wie viele Pelzchen jeder besaß. Und auf einmal begannen die Clemmis warme, weiche Pelzchen gegen Dienstleistungen einzutauschen anstatt sie einfach zu verschenken. Der Bürgermeister von Clementonien machte sogar eine Ansage. Er gab bekannt, wie viele Pelzchen es insgesamt gab und ließ dann mitteilen, dass die Anzahl begrenzt sei. Und die Pelzchen wurden zum offiziellen Tausch und Bezahlmittel ausgerufen.

Es kam, wie es kommen musste.

Bald stritten sich die Clemmis darüber, wieviel eine Übernachtung kostete oder ein Essen, Kleidung oder andere Dinge. Es gab sogar Fälle von Pelzchenraub.

Die Kobolde in ihrem Dorf saßen am Waldrand und beobachteten alles. Sie rieben sich die Hände und sagten: »Na endlich werden diese kleinen Menschen normal und lernen, wie das Leben funktioniert. Es wurde ja auch langsam Zeit.«

Das Schlimmste aber, was in diesem einst so schönen Dörfchen geschah, war, dass sich an der Gesundheit der kleinen Clemmis etwas veränderte. Auf einmal beklagten sie sich über Schmerzen. In der Schulter, im Rücken, Becken, an den Beinen, irgendwie tat alles weh.

Die kleinen Clemmis fingen an gebückt zu laufen, manche sogar so tief geneigt, dass es ganz komisch aussah. Die Beutel mit den Pelzchen schleiften am Boden und einige fingen an zu glauben, dass die Pelzchen die Ursache ihrer Krankheit wären. Denn das Gewicht des Beutels war zu schwer, das konnte ja keiner mehr tragen. Also ließ man nun offiziell den Pelzchenbeutel zu Hause und schloss ihn sogar ein. Es dauerte nicht lange und man sah keinen einzigen Clemmi mit einem Pelzchenbeutel auf dem Rücken durch die Straßen laufen.

Um ehrlich zu sein, unterschieden sie sich jetzt kaum noch von den Kobolden. Diese waren darüber sehr glücklich, denn sie waren erfolgreich. Sie gingen jetzt häufiger in das andere Dorf. Aber niemand grüßte sie mit einem Lächeln. Niemand bot ein Pelzchen an, stattdessen wurden sie nur misstrauisch angestarrt. Genauso, wie sich die Clemmis auch untereinander anstarrten. Den Kobolden gefiel das richtig gut, denn für sie bedeutete das die wirkliche Welt, das wahre Leben.

Aber im kleinen Dorf ereigneten sich immer schlimmere Dinge. Vielleicht wegen der Gesundheit der Clemmis. Aber vielleicht, auch, weil ihnen niemand mehr ein warmes, weiches Pelzchen gab. Wer weiß denn das so genau? Auf alle Fälle starben tatsächlich einige Clemmis. Das Klagen war laut, denn nun war das Glück endgültig aus dem Dorf verschwunden und die Trauer war sehr groß.

Als die Kobolde davon hörten, waren sie erschrocken. Ganz so schlimm wollten sie das doch gar nicht, sie wollten doch nur zeigen, wie die Welt wirklich ist. Aber den Tod, den hatten sie ihnen nicht gewünscht. Sie überlegten, was sie tun könnten. Und dann fiel ihnen etwas ein. Tief in ihrer Höhle hatten sie kleine funkelnde Steine gefunden. Sie hatten viele davon gesammelt und auch viele Jahre damit verbracht, diese Steine aus dem Berg auszuklopfen. Sie liebten diese Steine, weil sie schön kalt waren. Und wenn man sie in die Sonne legte, glitzerten sie sogar ein bisschen. Es waren mittlerweile viele und es war ein tolles Gefühl zu sehen, was für ein großer Reichtum ihnen gehörte. Und somit dachten sie vielleicht, können wir den Clemmis mit diesen Steinen eine große Freude machen. Also füllten sie mehrere Säcke mit den Steinen, luden sie auf eine große Karre und gingen damit nach Clementonien.

Wie froh waren die kleinen Clemmis, als sie diese Säcke, gefüllt mit funkelnden Steinen, sahen. Sie nahmen sie dankbar an und hatten endlich wieder etwas, was sie sich gegenseitig schenken konnten. Nur wenn du einem Freund einen kalten, spitzen Stein gibst, um ihm zu sagen, dass du ihn magst, war es etwas komisch. Denn der Stein war kalt, kantig und schwer und irgendwie gar nicht liebevoll, weich und warm. Es war eher ein kaltes und stumpfes Gefühl und es machte nicht viel Spaß, kalte, spitze Steine zu verschenken. Es war immer so ein komisches Ziehen im Magen und das Herz wurde nicht warm. Du bist nicht sicher, ob der Schenkende dich mag oder nicht, was wollte er dir damit sagen? Aber genau durch diese Aktion geschah etwas anderes im Dorf.

Immer häufiger kam es vor, dass ein kleiner Clemmi unter sein Bett kroch und den Beutel mit den warmen, weichen Pelzchen hervorzog und sie in die Sonne legte, um sie ein wenig auszulüften. Und wenn dann ein Freund vorbeilief und ihm einen kalten, spitzen Stein gab, bekam dieser ein Pelzchen zurückgeschenkt. Wie leuchteten da die Augen des Beschenkten!

Ja, manch ein Clemmi lief sogar daraufhin schnell zurück nach Hause, nahm auch sein Pelzchenbeutel und schenkte auch ein Pelzchen zurück. Natürlich warf keiner die spitzen und kalten Steine weg, Nein. Und es holten auch nicht alle ihre Pelzchenbeutelchen wieder hervor.

Denn die Steine waren mittlerweile zu kantigen Stein-Gedanken fest in den Köpfen der Leute eingenistet.

Man konnte oft hören, wie sie sagten:

»Weiche Pelzchen?

Was steckt denn da wohl dahinter?

Wo ist da der Haken?

Die verschenkt man doch nicht einfach so?

Woher soll ich denn wissen, ob er überhaupt ein warmes Pelzchen will?

Man weiß nie, heute ein Stein, morgen ein Pelzchen, man kann sich nicht drauf verlassen.«

Es kann schon gut sein, dass die Clemmis gerne zurückgekehrt wären zu dem, was ihre Großeltern gemacht haben, und was für sie ganz natürlich gewesen war. Dann sah man in der Ecke des Zimmers den gefüllten Sack mit den Steinen, den man gar nicht mehr mitnahm, weil er einfach viel zu schwer war. Dadurch hatte das Verschenken einfach komplett aufgehört.

Aber ganz tief in ihren Herzen wünschte sich jeder kleine Clemmi ohne es laut zu sagen, dass jemand käme und ihnen ein warmes, weiches Pelzchen schenkte. Manche träumten sogar davon und stellten sich vor, wie alle auf der Straße mit einem fröhlichen, lachenden Gesicht herumliefen und sich untereinander Pelzchen schenkten, wie in alten Tagen. Wenn sie dann aufwachten, hielt sie aber immer irgendetwas davon zurück, es auch wirklich zu tun. Gewöhnlich war es, dass die Clemmis raus gingen und sahen, wie die Welt wirklich war, was Leben einfach bedeutet.

Das ist der Grund, warum das Verschenken von warmen, weichen Pelzchen nur noch ganz, ganz selten geschieht und niemand, wirklich niemand, macht es in aller Öffentlichkeit.

Man macht es im Geheimen. Ganz leise, ohne darüber zu sprechen. Aber es geschieht. Hier und dort. Immer wieder. Wer weiß, vielleicht bekommst du auch irgendwann eins.

Ich wünsche es dir von ganzem Herzen, denn wir müssen unbedingt wieder anfangen, viel mehr Pelzchen zu verschenken auf dieser Welt.

Und wenn du dich jetzt hier bei uns meldest, bekommst du ein Pelzchen von uns zugeschickt und die Geschichte gleich dazu, damit du sie verschenken kannst. Scanne einfach den Code:

Danksagung

Ich habe das Glück, viele Menschen in meinem Leben zu haben oder gehabt zu haben, die mich mit ihrer Energie unterstützt und weitergebracht haben. Danke, liebes Universum, dafür.

Mama und Papa, die immer noch nicht wirklich verstanden haben, was ich hier eigentlich mache, aber dennoch oder vielleicht auch gerade deshalb mich bedingungslos unterstützen und mich lieben, egal wie verrückt und abgefahren alles sein zu scheint.

Meine erste bedingungslose Liebe und Impulsgeberin, Jasmin. Danke für alles, was war und alles, was sein wird. Danke für jede Rolle, die du in meinem Leben erfüllt hast, danke für deine Liebe und dein Vertrauen, du bist wundervoll.

Meine Schwiegerfamilie – danke –, ihr habt mir beigebracht zu geben, ohne etwas zu erwarten, und bedingungslos für die Familie da zu sein. Danke für das Unaufgeregte und Einfache, das so wunderschön ist.

Anna und Christina, in einer so oberflächlichen »Social Media Welt« solche Menschen, wie ihr zwei es seid, gefunden zu haben, ist wie ein 6er im Lotto … Danke für eure Freundschaft, eure Ehrlichkeit und Eure Liebe, wie schön, dass wir vom gleichen Planeten sind.

Sinthu und Tobi, manchmal ist es laut und manchmal ist es leise, und manchmal ist es echt und daraus wird dann Freundschaft. Danke für jedes Business-Gespräch und jeden Tritt in den Hintern, aber noch viel mehr Danke für die Echtheit und Liebe in dieser Verbindung.

Annelies ... puhhhh, ich weiß nicht genau, wer du bist und woher du kommst, aber eines weiß ich: Du bist einzigartig und etwas sehr Besonderes. Du hast in mir wieder etwas erweckt, was ich so niemals wieder gefunden hätte. Ich liebe alles, was wir zusammen machen und danke dir von tiefstem Herzen für deine Arbeit, du rettest so viele damit. DANKE

Alessandra danke, du hast mir gezeigt, was es bedeutet, mutig zu sein. Trotz aller Ängste und Zweifel, den richtigen Weg zu gehen. Und nein: Ich geh nie wieder mit dir in den Megapark.

Meine Lieblingsyogalehrerin Noemi und Fabio ☺ Danke für jedes Gespräch und jeden gemeinsamen Moment. Durch euch habe ich gelernt, dass man lieben und respektieren kann, auch wenn man anderer Meinung ist.

Meine Mädchen-Weihnachtsfeier-Gang – danke für die Ehrlichkeit und das schöne und echte Lachen. Und auch wenn ihr die Regeln immer noch nicht so beherrscht, ich erklär sie gern auch noch weitere 50 Jahre ☺ ahhh, und Steffiiiii natürlich (ich habe versprochen, sie namentlich zu erwähnen), ich liebe deinen Vergleich, »auch wenn ich den Wald hasse und du jeden Samstag putzen musst, sind wir Freunde und das ist gut so.« Love you alle sehr!

Und um alles hier abzuschließen und endlich ein Ende zu finden, danke, mein Fels in der Brandung. Danke, Frank, du bist unbeschreiblich und einzigartig. Ich liebe dich und werde es auch immer tun. Ohne dich gäbe es das hier alles nicht und ohne dein unermüdliches nerven wären wir nicht da, wo wir jetzt sind. Du bist einfach grandios. Danke, dass du mein bester Teampartner und Ehemann bist.

Und danke meine beiden Hummeln, ihr seid das Beste, was mir passieren konnte, diesen Weg gehe ich für mich aber vor allem auch für Euch, für eine bessere Welt und für ein liebevolleres Miteinander. Lasst uns die Welt zu einem besseren Ort machen.

In Liebe, Tania

Du willst noch mehr *@die_clementa* erleben?

Meine Arbeit endet nicht mit diesem Buch – sie fängt hier erst richtig an. Wenn du Lust hast, tiefer einzutauchen, gibt es viele Möglichkeiten:

- Tour-Termine
- Podcasts
- Coaching
- Mentoring
- Online-Kurse
- und noch vieles mehr ...

Ich freue mich von Herzen, wenn wir uns wieder begegnen – live, online oder wo auch immer sich unsere Wege kreuzen.

Bis bald!

DIE CLEMENTA

Ich geh mal meine Gefühle fühlen

Diese Erzählung sollte jeder People Pleaser gelesen haben

Der SPIEGEL-Bestseller von @psychologin_sophie

Nach der Trennung von ihrem Freund braucht Melanie einen Tapetenwechsel. Sie bucht einen Flug nach Barcelona, ohne einen Kopf dafür zu haben, was sie dort alleine überhaupt soll. Sie hat kaum Gepäck dabei, gerade das, was ihr so zu Hause im Weg steht, dafür reichlich seelischen Ballast – die Ängste vor dem Alleinsein, den Druck, es allen recht zu machen, das Gefühl, kein Gefühl fürs Leben zu haben. Völlig unerwartet wird sie in Barcelona aus ihren Grübeleien geweckt. Sie begegnet Menschen, die auf sie gewartet zu haben scheinen, einem kleinen Mädchen voller Weisheit, einem Schuster voller Klugheit und einem alten Paar voller Liebe. Und fast von allein, fast ohne ihr Zutun, beginnt sich alles in ihrem Leben zu verändern. – Eine inspirierende Geschichte über das Überwinden von People-Pleasing, Selbstentdeckung und den Mut, die eigenen Gefühle zuzulassen und ihnen zu folgen.

Klappenbroschur, 192 Seiten,
1. April 2025, 18 € (D)

erhältlich überall, wo es Bücher gibt
und unter www.now-verlag.de

Bibliografische Information der Deutschen Nationalbibliothek
Die Deutsche Nationalbibliothek verzeichnet diese Publikation in der Deutschen Nationalbibliografie; detaillierte bibliografische Daten sind im Internet über dnb.dnb.de abrufbar.

Wir freuen uns auf eure Anregungen und Fragen
info@nextlevelverlag.de

Wichtiger Hinweis
Die im Buch veröffentlichten Empfehlungen wurden von Verfasser und Verlag erarbeitet und geprüft. Der Inhalt dieses Buches beruht ausschließlich auf den persönlichen Erfahrungen des Autors und erhebt keinen wissenschaftlichen Anspruch. Die benutzten Begrifflichkeiten sind wertfrei. Eine Garantie kann dennoch nicht übernommen werden. Ebenso ist die Haftung des Verfassers bzw. des Verlages und seiner Beauftragten für Personen-, Sach- und Vermögensschäden ausgeschlossen.

Originalausgabe
1. Auflage 2025
© 2025 NOW – ein Imprint des NEXT LEVEL Verlags,
NXT LVL GmbH, An der Dornwiese 2, 82166 Gräfelfing
www.next-level-verlag.de
Alle Rechte vorbehalten.

Dieses Buch ist urheberrechtlich geschützt. Jede Verwertung ist ohne Zustimmung des Autors nicht zulässig. Das gilt gleichermaßen für Vervielfältigungen, Übersetzungen, Verfilmungen und Einspeicherung und Verarbeitung in elektronischen Systemen. Wir behalten uns die Nutzung der Inhalte für Text und Data Mining im Sinne von § 44b UrhG ausdrücklich vor. Falls die Publikation Links zu externen Webseiten Dritter enthält, haben wir auf deren Inhalte keinen Einfluss; für diese fremden Inhalte können wir keine Gewähr übernehmen. Rechtswidrige Inhalte waren zum Zeitpunkt dieser Veröffentlichung nicht erkennbar.

Projektleitung: Celine Koch
Lektorat: Simon Sahner
Satz: Nadine Thiel, kreativsatz
Korrektorat: Christiane Geldmacher
Cover- und Umschlaggestaltung: Katja Wohnrath, buxdesign
Autorenfoto: Tania Söllner privat
Druck: DZS Grafik d.o.o., Slowenien

Printed in the EU

ISBN Print: 978-3-68969-051-9
ISBN E-Book (PDF): 978-3-68969-053-3
ISBN E-Book (EPUB, Mobi): 978-3-68969-052-6